ルネサンスとは何であったのか

塩野七生ルネサンス著作集

1

新潮社

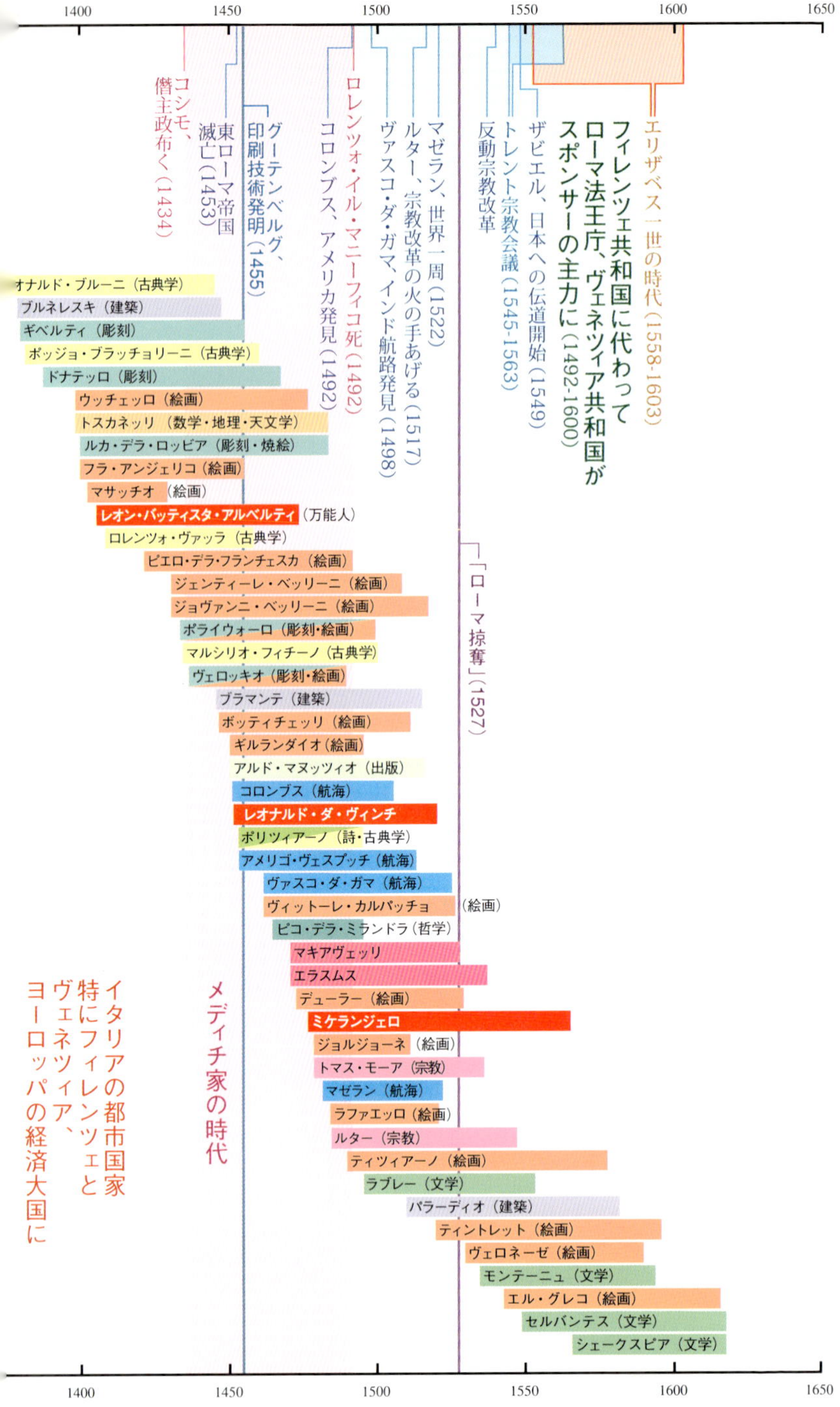
1400
1450
1500
1550
1600
1650
コシモ、僭主政布く（1434）
東ローマ帝国滅亡（1453）
グーテンベルグ、印刷技術発明（1455）
コロンブス、アメリカ発見（1492）
ロレンツォ・イル・マニーフィコ死（1492）
ヴァスコ・ダ・ガマ、インド航路発見（1498）
ルター、宗教改革の火の手あげる（1517）
マゼラン、世界一周（1522）
「ローマ掠奪」（1527）
トレント宗教会議（1545-1563）
ザビエル、日本への伝道開始（1549）
反動宗教改革
フィレンツェ共和国に代わってローマ法王庁、ヴェネツィア共和国がスポンサーの主力に（1492-1600）
エリザベス一世の時代（1558-1603）

オナルド・ブルーニ（古典学）
ブルネレスキ（建築）
ギベルティ（彫刻）
ポッジョ・ブラッチョリーニ（古典学）
ドナテッロ（彫刻）
ウッチェッロ（絵画）
トスカネッリ（数学・地理・天文学）
ルカ・デラ・ロッビア（彫刻・焼絵）
フラ・アンジェリコ（絵画）
マサッチオ（絵画）
レオン・バッティスタ・アルベルティ（万能人）
ロレンツォ・ヴァッラ（古典学）
ピエロ・デラ・フランチェスカ（絵画）
ジェンティーレ・ベッリーニ（絵画）
ジョヴァンニ・ベッリーニ（絵画）
ポライウォーロ（彫刻・絵画）
マルシリオ・フィチーノ（古典学）
ヴェロッキオ（彫刻・絵画）
ブラマンテ（建築）
ボッティチェッリ（絵画）
ギルランダイオ（絵画）
アルド・マヌッツィオ（出版）
コロンブス（航海）
レオナルド・ダ・ヴィンチ
ポリツィアーノ（詩・古典学）
アメリゴ・ヴェスプッチ（航海）
ヴァスコ・ダ・ガマ（航海）
ヴィットーレ・カルパッチョ（絵画）
ピコ・デラ・ミランドラ（哲学）
マキアヴェッリ
エラスムス
デューラー（絵画）
ミケランジェロ
ジョルジョーネ（絵画）
トマス・モーア（宗教）
マゼラン（航海）
ラファエッロ（絵画）
ルター（宗教）
ティツィアーノ（絵画）
ラブレー（文学）
パラーディオ（建築）
ティントレット（絵画）
ヴェロネーゼ（絵画）
モンテーニュ（文学）
エル・グレコ（絵画）
セルバンテス（文学）
シェークスピア（文学）
イタリアの都市国家特にフィレンツェとヴェネツィア、ヨーロッパの経済大国に
メディチ家の時代

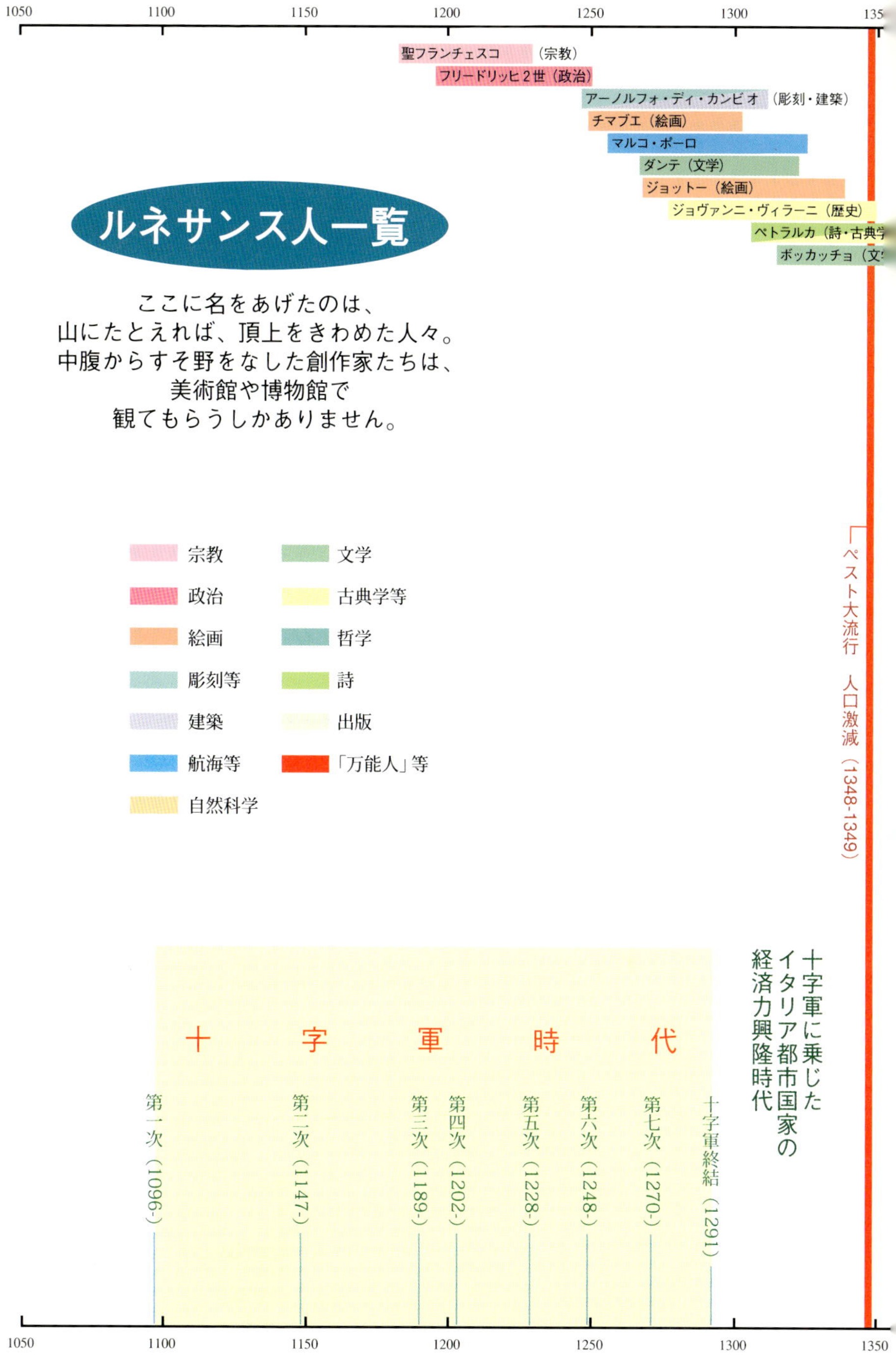

ルネサンス人一覧

ここに名をあげたのは、
山にたとえれば、頂上をきわめた人々。
中腹からすそ野をなした創作家たちは、
美術館や博物館で
観てもらうしかありません。

イタリア半島住民数の推移

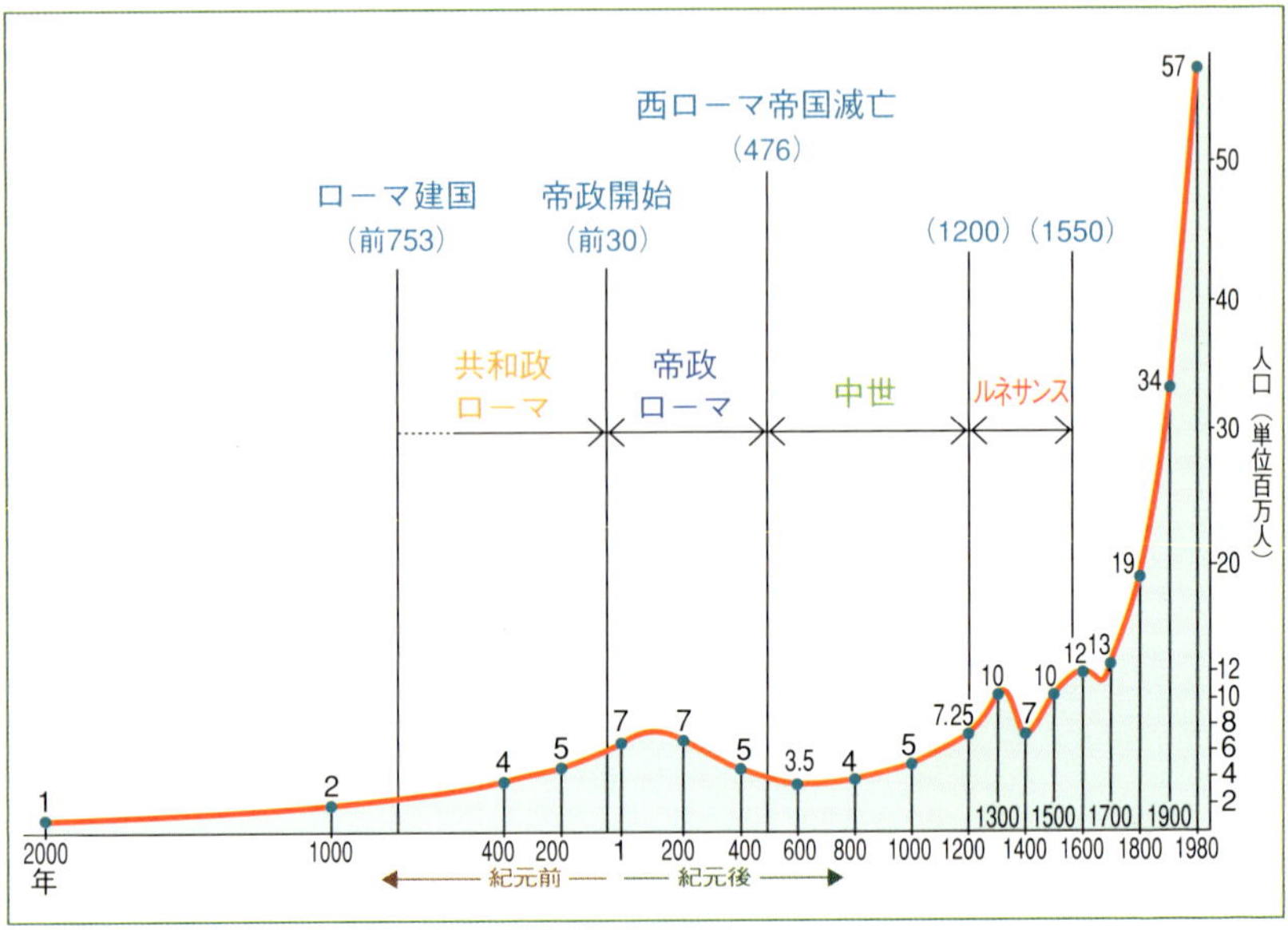

①全人口が調査の対象になる18世紀以前の数字は、兵役と徴税の対象になりうる17歳以上の成年男子のみ。

②激減している時期は、ペスト大流行の後。

③なぜかこの曲線は、発掘された各時代の人骨調査による、体格の推移と合致する。

参考文献

C.M. Cipolla, "Uomini tecniche economie"

M. Reinhard, "History of World Population"

C. McEvedy & R. Jones, "Atlas of World Population History"

帝政ローマ時代から中世、ルネサンス期までの貨幣の変遷

帝政ローマ時代

銅貨—皇帝トライアヌスの横顔、２世紀初め
重量26.63グラム、直径33ミリ

金貨—皇帝アントニヌス・ピウスの妃
ファウスティーナの横顔、２世紀半ば
重量7.31グラム、直径19ミリ

中世

金貨—ベネヴェントの領主
アリキス２世の顔、８世紀後半
重量3.74グラム、直径21ミリ

銀貨—ローマ法王ヨハネス９世の顔、９世紀末
重量1.26グラム、直径21ミリ

ルネサンス期

ミラノの金貨—
ミラノ公爵ジャン・ガレアッツォ・マリア
スフォルツァの横顔、15世紀後半
重量3.44グラム、直径23ミリ

フィレンツェの金貨—
百合の花が描かれている、1504年
重量7.00グラム、直径28.5ミリ

「貨幣とは、それのみで孤立して存在する史料ではない。
経済上社会上のあらゆる事象と、密接に結び合っている史料である。
それゆえに貨幣は、歴史を知り理解するには最適の指標でもあるのだ」
—フェルナン・ブローデル

14世紀
イタリアの勢力分布

15世紀
イタリアの勢力分布

16世紀
イタリアの勢力分布

目次

参考資料

ルネサンスとは何であったのか

読者に

「なぜ、古代のローマに関心をもったのか」と聞かれることが多い。それに私は「ルネサンスを書いたから」と答える。そうすると、ほぼ九〇パーセントの人が、「なぜ、ルネサンスに関心をもったのか」と聞いてくる。私は内心、三十年も書いてきてまだわかってもらえないのかと絶望するのだが、これよりはじまる一冊は、私の作品を読んでくれた人には思い起してもらうために、また、読んでいない人には手っ取り早くわかってもらえるようにと考えて、プラトン以降西欧ではよく用いられる、ゆえにキケロもマキアヴェッリも活用した対話方式を使って、私なりに編み直した一冊である。

東京の家に放置していた品々を整理していたら、高校時代に使っていた世界史年表の一冊が出てきた。はじめて私が手にした、本格的な歴史年表だった。懐かしさに思わずページをめくっていたら、最後の裏表紙にペン字で大きく、歴史は所詮は人間だ、と書いてあるのが見つかった。十六歳当時の気負った筆勢で、御丁寧にも円く囲ってある。

大学進学に際して、どの学科を選べば自分の好奇心を満足させられるのかわからず、まずは基盤を固めてからと考えて哲学科を選んだ。当時の学習院大学文学部の哲学科は、院長をしていた安倍能成の考えであったのか、哲学・歴史・宗教等々を習得した後は、卒業論文に何を選んでもよいというシステムになっていたのである。偶然にしろ私は、ヨーロッパならば文科系の高等学校で学ぶ人文系教養課目、つまりリベラル・アーツを、大学で学んだことになった。そして卒業論文は、十五世紀フィレンツェの美術について書いた。卒論の指導教授だけは、西洋美術史の富永惣一、中世思想史の下村寅太郎、ギリシア・ローマ文学の呉茂一という豪勢さ。この三先生を私が独り占めできたのは、その年の哲学科の人文コースの四年生十人のうちで、西洋に関係するテーマを選んだのは私一人であったからにすぎない。

でき上がった卒論に三先生が与えた評価は、優・良・可・不可のうちの「良」。今から思えば後の私のすべてが芽の状態にしろ投げこまれていた内容だったが、ゲーテの『イタリア紀行』ではじまりオヴィディウスの『ローマ哀歌』で終るのでは、たとえ学生が書いたものにしろ、論文とはとても呼べなかったのである。口頭による審査の席でも、三先生ともが、あなたの想いはわかるのだが、と言いながらも困惑している様子がうかがわれ、審査されている私のほうが笑い出したくなる感じだった。このように寛容であった三先生に対して私ができたことはただ一つ、著作を出版するたびに贈呈しつづけたことである。

いずれにせよ卒業はできたのだが、卒業式の後には教授たちとのお別れの会がある。学習院の哲学科は哲学プロパーを選んだ者を加えても二十人足らずの卒業生しかいなかったので、目白駅近くの喫茶店でもやれたのだ。そして、当時のサヨナラ・パーティは、学習院でさえもこの程度のつましさだった。

その席には、私の卒論を担当して下さった三先生はいなかった。だが、前に坐っていた一教授と私との間には、次の会話が交わされた。

「きみの考えているのは、歴史ではない」

「歴史学ではないと言われるのならばわかりますが、歴史ではないと言われるのには納得できません」

この二年後に、私はイタリアにいた。何よりもまずフィレンツェに行き、ウフィッツィ美術館に走った。当時は日本全体が貧しくて、大学在学中に海外旅行するなどは夢であったのだ。私は、本物も見ずに写真で眺めるだけで、卒業論文を書いたのだった。

はじめて見る芸術作品の傑作の数々を前にして、私は、感動するよりも何よりも、存在しうるかぎりの神々に誓った。死んでも作品の解説はしない、と。芸術作品とは、仲介者なしでそれと一対一で向い合い、作者が表現しようとしたことを虚心に受けとめるべきものだと感じたのである。作者との一対一の関係に慣れるには、何よりもできるかぎり多くの傑作を自分の眼でじかに見ることが重要だ。それからの二年間、イタリアを軸にして放射線状に、ヨーロッパと中近東と北アフリカを見てまわった。ミシュランのガイドブックが、ぼろぼろになったくらいだった。

それが一段落した頃、偶然に知り合った編集者に推められて書きはじめた。ただし、芸術作品の解説だけはしないという誓いは守った。作品を遺した創作者は、主人公としては取り上げなかったのだ。反対に、作品を遺さなかった創作者を主人公に取り上げたのである。ルネサンスという、中世の価値観の崩壊に出会ったために新しい価値観を創り出さねばならなかった時代に生きた人は、政治家でも経済人でも創作者にならざるをえなかったのである。たとえ後世のわれわれが、眼で見ることのできる作品として遺っていなくても。創作者でも作品を遺していれば他者による解説など不要だが、眼で見ることのできる作品を遺さなかった人ならば、解き明かす労も無用の長物にはならないのではないかと考えたのである。

こうして、私自身が「ルネサンスもの」と呼ぶ、十五作余りの作品が書かれ発表された。だが、書くためには勉強せざるをえなく、勉強すれば考えるようになる。卒業論文を書いたときに浮んだ数々の疑問、しかし日本人の手になる研究書を読んでも納得できなかった数々の疑問、それらをむやみやたらと投げこんだからこそ卒論審査の先生方を困惑させてしまったのだが、これらの疑問を解き明かす史料に接するには、イタリアに居つづけるのは最適だった。

ただし、勉強し考え書くことを通してルネサンス時代に生きる歳月が長くなるにつれて、私自身もあの時代に生きた人でもあるかのように考えてくる。しかも私は、西欧が打ち立てた価値観が崩壊しつつある時代に生きるはめになった。中世を支配してきたキリスト教的な価値観の崩壊に立ち合ったルネサンス人と、近代を支配してきた西欧的価値観の崩壊に立ち合っている私。ならば、彼らが新しい価値観を創り上げるためにまず回帰した先が古代のローマなのだから、私も回帰し、それが何であったかを冷徹に知ることが先決すると思ったのだった。というわけで、今はローマを書いている。ローマ人に関心をもつのは、以上のような理由で私には、実に自然な選択なのである。

第一部　フィレンツェで考える

対話は、以下の場を逍遥しつつ行われた。シニョリーア広場、バルジェッロ宮、聖《サン》マルコ修道院、メディチ宮、聖《サン》ロレンツォ教会、ルチェライ宮、ポンテ・ヴェッキオ、ピッティ宮、そして現代ではミケランジェロ広場と呼ばれている、フィレンツェ市街を一望のもとに眺められる丘の上、…ｅｔｃ。

「質問したいことが山ほどあって、どれから先におたずねするのがよいのか迷ってしまいます。それで、眼をつぶって突破するという感じで、頭から離れないあることから質問させてください。ルネサンスとは、一体全体何だったのですか」

「はじめから、本質的な質問をしてきましたね。ならばこちらも、歴史的・宗教的・政治的・経済的な要因の説明は後まわしにして、本質的な回答で応ずることにしましょう。

見たい、知りたい、わかりたいという欲望の爆発が、後世の人々によってルネサンスと名づけられることになる、精神運動の本質でした」

「でも、見たい知りたいわかりたいという欲望は爆発しただけではなく、造形美術を中心にした各分野における「作品《オペラ》」に結晶しています」

「創造するという行為が、理解の「本道《ストラーダ・マエストラ》」であるからですよ。ダンテも言っています。考えているだけでは不充分で、それを口であろうとペンであろうと画筆であろうとノミであろうと、表現してはじめて「シェンツァ」になる、と。イタリア語の「シェンツァ」（Scienza）は英語に直すと「サイエンス」（Science）ですが、この場合は「科学」とか「学問」よりも、これらの言語の語源であるラテン語のシエンティア（Scientia）が意味した、「知識」ないし「理解」と考えるほうが適切でしょう。このダンテの言が正しいことは、あなたが今考えていることを、誰か他者に話すか、それとも文章に書いてみたらわかります。頭の中で考えていたことが、表現という経路を経ることによってより明快になるという事実が。話すとか書くことが他者への伝達の手段であるとするのは正しいが、それとても手段の一つにすぎません。自分自身の考えを明快にするにも、実に有効な「手段」でもあるのですよ。

レオナルド・ダ・ヴィンチは未完成の創作家と言われるくらいに作品の多くを未完で遺した人ですが、彼の場合でも、未完成の理由は二つあると思う。

第一の理由は、彼とは同時代人である多くの芸術家たちが想像した理由でもあるのですが、頭の中で考え描くような完璧な美と深さを画筆で表現するには自分の技倆が不充分である、とレオナルド自身が自覚した場合。つまりは、表現不可能、と思うしかなかった場合です。

第二は、レオナルドほどの人にしてはじめて生ずる現象でしょうが、制作途中であるにかかわらず完成した姿が見えてしまったときです。見えてしまう、つまりわかってしまえば、見たい知りたいわかりたいという欲望は、消え去るしかない。レオナルドの場合は、画筆を置く、になってしまう。彼に比べれば才能の劣る画家たちのほうが作品を完成させている率が高いのが、この仮説を実証していると思いませんか。

ルネサンス時代とは、要するに、見たい知りたいわかりたい、と望んだ人間が、それ以前の時代に比べれば爆発的としてもよいくらいに輩出した時代なのですよ。見たい知りたいわかりたいと思って勉強したり制作したりしているうちに、ごく自然な成行きで数多の傑作が誕生した、と言ってもよいくらいです」

「ではなぜ、見たい知りたいわかりたいという欲望が、あの時代になって爆発したのですか」

「それまでの一千年間、押さえに押さえられていたからでしょう」

「誰が押さえていたのですか」

「キリスト教会が。イエス・キリストの教えのうちの最重要事は、信ずる者は幸いなれ、です。つまり天国は、信ずる者にのみ開かれているというわけで。

この反対は、疑うということです。あなたのように〝なぜ〟を連発する態度からして、あなたにはすでに〝ルネサンス精神《スピリット》〟があるということになる」

「となれば、天国行きは絶望的ということですね」

「ルネサンス以前の中世に生きたキリスト教徒であれば、望み薄ですね」

「しかしあなたは、キリスト教徒そのものであるということで聖人に列せられているアッシジのフランチェスコを、この巻の最初に置いた人名一覧図では、〝ルネサンス人〟の最初にあげている。世に普及しているこの種の表では、ルネサンス人の最初は、ダンテか、でなければジョットーからはじまるのが常のように思いますが」

「ルネサンスを、詩人のダンテや画家のジョットーからはじめる傾向は、ルネサンスという歴史上の精神運動の芸術面での成果にのみ照明が当てられてきた傾向の延長でしょう。しかし、彼らや彼らにつづいた芸術家たちは、言うならば大輪の花々です。大輪の花を咲かせるには、まず肥沃な土壌が必要だし、充分な水も陽光も欠くわけにはいきません。ルネサンスという、芸術面に最も華麗な成果をあげた歴史上の精神運動の土と水と光を整えたのが、芸術とは一見無関係に見える宗教家の聖フランチェスコと政治家のフリードリッヒ二世であったと、私は考えています。

それでまず、フランチェスコ修道会の創設者としてだけでなくその生涯をキリストの教えの普及に捧げた聖フランチェスコが、なぜ非宗教的であることが特質の一つでもあったルネサンス人の一人、しかもその最初の人であったかの説明には、彼以前の、つまりは中世を通じてのキリスト教が、どのような状態にあったかをお話しする必要があるでしょう。でもその前に、前提条件は明確にしておく必要があります。

その第一は、話を西方の宗教に限るとしても、宗教には教典（ドグマ）をもつ宗教か、それをもたない宗教かのちがいがあるということです。教典をもつ宗教はユダヤ教、キリスト教、イスラム教で、いずれもが一神教。教典をもたないほうの代表は、ギリシア人やローマ人が信じていた宗教で、こちらは多神教です。

第二は、独立した聖職者階級をもつかもたないかのちがいです。これも、教典の有無と密接に関係している。なぜなら、ユダヤ教の祭司であろうがキリスト教の司祭であろうが、聖職者とは、教典を解釈しそれを一般の信者にも理解可能なように説き聴かせるのが任務であり、その任務こそが彼らの存在理由の第一であるということです。それゆえ、教典をもたないギリシア・ローマの宗教には、専門の聖職者階級は存在する必要もないし、事実、存在しなかった。

ローマ帝国も確実に衰退期に入っていた紀元四世紀のはじめ、ときのローマ皇帝コンスタンティヌスはキリスト教をローマ帝国の国教と定めます。ただしその当時はまだ、キリスト教以外の宗教、とくにローマの宗教は禁止されてはいなかった。しかし、その世紀の末になると、皇帝テオドシウスによって、宗教はキリスト教一つと決められます。もともとからしてキリスト教の神は絶対神であるがゆえに他の神を認めないところに特色のある一神教なので、テオドシウスの決定のほうが論理的には正しかったことになる。こうしてキリスト教が一神教であることを明確にした段階で、ローマ宗教をふくめた他の宗教はすべて、邪教ということになり禁止されたのでした。同時に、聖書という教典をもつキリスト教の天下になった以上は、聖書を読め、それを一般信者にわかるように説き聴かせる聖職者階級が、独立度を強め力をもったのも当然の帰結ですね。

そして、異分子を排除した組織が自己保存のための組織自体の強化を狙うのも、悪い傾向とはいえ人間性の現実。これを成すのに用いた〝武器〟の第一は、犯した罪ごとに与えられる罰則を定めたこと。この罰は実に厳しく、告解を怠ったとか、金曜日に肉を食べたとかで与えられる罰を加算していくと数百年もの長さになり、人間が一生かかっても贖罪は不可能ということになってしまったくらいでした。第二は、地獄の存在を強調して脅すことです。現世で襲う不幸は神の下した試練であると説かれれば耐え忍ぶしかなく、また地獄も見て帰った人はいない以上は実証不可能というわけで、脅しの武器としてはまことに有効であったとするしかありません。これに加えて、信ずる者は幸いなれ、で、天国はその人の前に開かれている、となる。これでは信心深い善男善女であればなおのこと、死後の地獄行きを怖れてびくびくしながら一生を送ることになる。俗世を捨て生涯を神に捧げる世界に入っただけでこれらの罪を免除されている、聖職者たちの権威と権力が増大したのも当然でしょう」

「とはいっても、それによって一千年もの長い歳月、人々は、従順なキリスト者でありつづけたのですか」

「いいえ、組織の増強は、抽象的なことばかり説いていては成功しません。

十五世紀前半に生きたイタリア人であるロレンツォ・ヴァッラによって、偽作と喝破される『コンスタンティヌスの寄進状』なるものがあるのです。それは、キリスト教を国教にしたコンスタンティヌス大帝が、ローマ帝国の西半分、つまり後代のヨーロッパの地をローマ法王に寄進したとされるもので、これが中世の間ずっと信じられ、土地の正統な所有権はすべてキリスト教会にあるという、教会側の主張の拠りどころになってきたのです。それゆえに、生産基地であると同時に住む場でもある土地は、所有主といえども教会から借りているにすぎなく、所有権の存続を認めるか否かも、キリスト教会に決定権があるのだ、と。

この主張の拠りどころになってきた『コンスタンティヌスの寄進状』なる史料を、そこに使われている言語を分析することによって、コンスタンティヌス大帝が生きた四世紀に書かれたものではなく、十一世紀になって偽造されたものであることを実証したのが、十五世紀前半に生きたロレンツォ・ヴァッラという名の古典学者でした。ということは、十二世紀から十三世紀にかけての聖フランチェスコの時代でもなお、『コンスタンティヌスの寄進状』は真物と信じられていたことになる。つまり、現世でのこの種の束縛も、中世の人々を、キリスト教会という〝羊飼い〟の後に従う従順な〝羊〟にしつづけた理由の一つであったと思います。なにしろ、疑いをいだくのは、良きキリスト教徒としては邪道と考えられていた時代ですよ。既成の概念に疑いをもったことが『寄進状』の偽作断定につながったロレンツォ・ヴァッラは、まさにルネサンス人の列に加えるにふさわしい。そして、既成の考え方に疑いをいだき、それを明言する勇気をもった最初の人が、アッシジのフランチェスコであったのでした」

「となると、聖フランチェスコとはどんな人であったのかが知りたくなります」

「あの時代の聖職者としては、まごうかたなき異分子でしたね。
生れからしてまず、今で言えば国際結婚の産物、つまり〝ハーフ〟でした。アッシジの人であった父親が商用で南仏のアヴィニョンに滞在中に知りあった女と結婚し、アッシジに連れ帰って生れた子がフランチェスコです。イタリア人の血とフランス人の血の両方が、聖フランチェスコの体内には流れていた。父親がつけたというフランチェスコという名自体が、彼以前にはまったく存在しません。英語ではフランシス、フランス語ではフランソワ、ドイツ語ではフランツ、スペイン語ならばフランシスコとなるこの名は欧米の男子名としては実に多い名ですが、それらもみなアッシジ生れの聖者にあやかろうとして名づけたので、イタリア語のフランチェスコからの派生語です。そしてフランチェスコとは、フランス人という意味だったのですよ。このような名を一人息子に与えたことからして、遠国から嫁いできた妻に対しての夫の愛情の細やかさが想像されます。おそらく、聖フランチェスコの母は、名も知られていないにかかわらず、妻としては幸福な一生を送った女人にちがいない。聖フランチェスコの説くキリストの教えが、それまでの厳しく怖ろしいものではなく愛の教えになるのも、この父と母の関係が無縁ではなかったと思うくらいです。

聖フランチェスコ

聖フランチェスコがキリスト教会にもたらした革命は、中世前期という長い歳月に固まった既成概念を取り払って虚心に聖書に接すれば、イエスの教えは愛と優しさに満ちたものであったと人々に思い出させたことです。ソロモンの栄華よりも野に咲く一本の百合を愛したのがイエス・キリストなのだから、聖フランチェスコの解釈のほうが正しいとさえ言える。しかもフランチェスコは、この彼の考えを、当時では俗語と呼ばれていたイタリア語で説いたのです。知識人の言語であり当時の国際語であることは知っていても、自分では学ぶ機会にも能力にも恵まれなかったラテン語による説教を聴かされてきた庶民も、ラテン語の祈りは機械的に暗誦していたにすぎなく、おかげで意味するところを考えることまではできなかったのですよ。それが日常生活で使っているイタリア語ならば、説教でも祈りでも考え感ずることができる。聖フランチェスコが望んだのも、キリストの教えを、信者の一人一人が自分の頭で考え自分の心で感ずることにあったのです。こうして、アッシジの修道士は、聖職者による宗教の独占体制をつき崩すことになったのでした」

「しかし、聖フランチェスコが第一に重んじたのは貧しさで、それが彼の創設になるフランチェスコ修道会のモットーになりますが、ソロモンほどではないにしても、贅沢三昧にふけり飽食状態と言ってもよい高位聖職者の集まっていたローマの法王庁には、絶縁状をたたきつけてはいません。しかも、ローマ法王からは、修道会の認可さえいとも簡単に受けている。これでは、後のルターと比べても、キリスト教会に革命をもたらしたとは言えないではないですか」

「フランチェスコは、イタリア語ではクレロ（clero）と呼ぶ聖職者階級の、存在自体は否定していません。つまり、教典解釈の必要は認めていたということです。ただし、解釈ならば自分のそれは、これまでの聖職者たちとはちがうとしたにすぎない。そして、フランチェスコがはじめた新しい解釈の存在意義を理解し認めたのが、ときのローマ法王イノセント三世であったのですね。この人物を知ればなおのこと、当時の聖職者の中での聖フランチェスコが、いかに異分子であったかが納得いくでしょう」

「イノセント三世といえば、ローマ教会の権威と権力を最高にした法王であったと、高校の歴史教科書にも書かれていたことを思い出します」

「この人は、ローマ近郊の封建領主の家に生れています。あの当時のこの種の有力家系では、長男は跡継ぎ、次男は聖職者、三男はどこかの領主に雇われての軍事か他家への婿入りと配分することで一家の安泰をはかっていたのです。だから彼が聖職界に入ったのも、宗教心が厚かったのではなかった。それでも、キリスト教会という巨大組織の中で出世すれば一家の安泰の度も高まるのだから、それを担当する息子への教育面での投資は惜しみません。若き日のイノセント三世は、パリ大学で神学を学び、ボローニャ大学では法学を習得します。パリ大学もボローニャ大学も、当時のヨーロッパでは一、二を争う最高学府でした。

もともとからの優れた資質に加えてこの完璧な修学では、封建領主の子弟たちの集団の観があったローマの法王庁でも抜きんでていたのでしょう。三十八歳の若さで、法王に選出されたのでした。

イノセント三世と名乗って法王になったこの人が最大の目標にしたのが、ローマを本拠にするカトリック教会の権威と権力の増強です。拠って立つ証拠は、例によって『コンスタンティヌスの寄進状』。ただし、ローマ法王は軍事力をもっていません。それに代わる〝武器〟が、「聖務禁止《インテルデット》」と「破門《スコムニカ》」でした。法王による聖務禁止令が発せられると、その地の司祭はあらゆる聖務遂行を禁じられる。そうなると、生れた子は洗礼を受けられなくなり、若者は結婚もできなくなり、死んでいく人も終油の秘蹟を受けられなくなる。つまり、生れる子も結婚する人も死んでいく者も、神の祝福を与えられないということになってしまう。信心深い善男善女が動揺するのも当然です。

破門となるともっと厳しい。キリスト教徒たる者、破門された者とは関係をもってはならないということだから、商売も成立せず、領民の領主への服従義務も失われることになる。皇帝や王や封建諸侯へのこの処分が、いかに強力な武器であったかは想像可能でしょう。従う人がいてこそこの人々の地位は実効力をもてるのに、誰も従《つ》いてこないとなればもはや皇帝でも王でも領主でもない。彼らがこの強力な武器の前に成すすべもなかったのも当然です。「聖務禁止」を発しての脅しが効かないとなると「破門」で追い打ちをかけるのが、ローマ法王の通常のやり方ではありましたが、中世時代では他にない強力な武器であったことは確かです。ドイツの王で神聖ローマ帝国の皇帝でもあったハインリッヒ四世が三日三晩降りしきる雪の中に立ちつくして、法王に破門解除を乞うた『カノッサの屈辱』は、聖フランチェスコの時代よりは百年前の事件でしかなかったのですよ。

この武器を駆使することで、法王イノセント三世は、イギリス、ドイツ、フランス、イタリアの王侯たちに、王国の正統な所有権はローマ教会にあり、彼らはその統治を託された立場であるにすぎない、ということを次々と認めさせていきます。法王は太陽であり、皇帝といえども月にすぎない、と公言した人でもありました。教科書にある「カトリック教会極盛期のローマ法王」の説明は、右のような事情によるのです。

ルネサンス人の一人でもある政治思想家マキアヴェッリの言ですが、指導者は獅子と狐の双方の才能をもたねばならないというのが正しければ、イノセント三世が卓越したリーダーであったのは確かです。そして、衆に優れた人物は、衆に優れた他者を見出す眼識の持主でもある。キリスト教会の旧体制を代表していた法王イノセント三世なのに、フランチェスコ修道会がカトリック教会の新体制になると感じとり、法王の祝福という、キリスト教の信者にとっては実に価値ある贈物を与えてスタートを祝ったのでした。貴族的な性格で華麗な暮らしぶりを好んだイノセントが、フランチェスコが説く清貧の思想に共鳴したからではないと思う。ローマ教会という〝太陽〟であらねばならない巨大な組織に、新しき血を導入することが、組織の活性化に利すると判断したからでしょう。豪華な法衣に身をつつんだイノセントは五十一歳、貧しい修道衣をつけただけのフランチェスコは二十七歳であった年のことでした。

このイノセント三世は、もう一人の異分子を、その地位を認めることでスタートに力を貸しているのだから面白い。神聖ローマ帝国皇帝のフリードリッヒ二世ですが、この人物については後で述べるとしても、この皇帝こそが「法王は太陽、皇帝は月」と公言するローマ教会に敢然と反旗をひるがえす人になるのだから、イノセントの眼識も客観性をもっていたということですね」

「フランチェスコ修道会の活動に認可を与えたイノセント三世の判断は、その後の修道会の隆盛を見れば、正しかったことがわかりますね」

「イエス・キリストによれば、神の地上での代理人が法王です。その法王が認めたのだから、若いフランチェスコも、そして彼とは同年輩の若者たちから成っていたフランチェスコ派の修道士たちも嬉しかったろうし、なによりも信者たちが安心したでしょう。異端と断定され、聖務禁止や破門に処される怖れが消えたのですから。もしも、法王の玉座に坐っていたのがイノセントではなくて単なる守旧派の人物であったら、生れたばかりのフランチェスコ修道会は異端と断罪されていたかもしれないのです。これくらい、中世のキリスト教会は硬直化していた。

しかし、フランチェスコ修道会の隆盛の理由は、法王の認可を得たからではありません。まず第一は、先にも述べたことですが、フランチェスコの聖書解釈の新しさにある。つまり、キリスト教は愛の宗教であるとした解釈にあるのです。第二は、これから述べることですが、商人の子であったがゆえのフランチェスコの現実感覚の鋭さと、それに基盤を置いた、天才的なオーガナイザーとしてもよい彼の組織力にあったのでした」

「構成員の全員がキリスト教徒であった当時のヨーロッパ社会の階級は、次の三つに分れていました。「クレロ」と総称された聖職者階級、「フラーテ」と呼ばれていた修道士階級、そして最後は俗人です。妻帯もせずに生涯を神への奉仕に捧げた人々は、社会的地位でも上にあるとされていたからです。図解すれば、次のような感じかもしれません。

これを、フランチェスコは崩します。崩した結果を図解すれば、次のようになると思う。

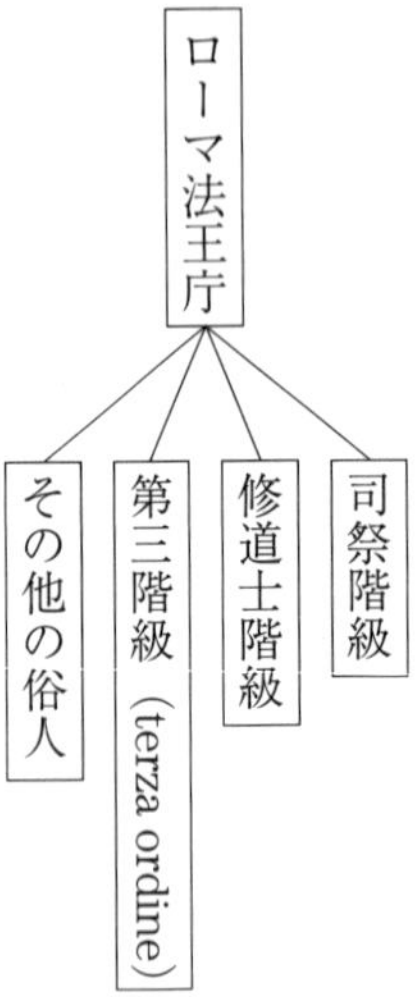

自分には修道院に入って一生を送る気まではない、だが、フランチェスコの宗旨には心から賛同す

る、こう訴える信徒たちに、フランチェスコは答えます。自身の性向に反してまで修道院に入ることはない、キリスト者の決まりを守った日常を送りながらも俗界に残って、自分に向いた仕事をすればよいのだ、と。そして、一年のうちの何日かは俗界を離れて修道院に籠って神に捧げる日々を送れば、あなたは立派にキリスト教徒でありうると答えたのでした。

　これがどれほど当時の人々の心に救いをもたらしたかは、想像も容易でしょう。フランチェスコはこの人々を集めた組織を結成し、「第三階級」と名づけてフランチェスコ修道会にくみ入れたのです。しかも、これで救われたと感じたのは男だけではない。アッシジ生れでフランチェスコとは幼なじみだったキアラが創設するフランチェスコ修道会の女子組織にも、男子同様に「第三階級《テルツァ・オルディネ》」がつくられる。フランチェスコ宗派の信徒の数が激増したのも、これに原因があったのでした。

　しかも、聖フランチェスコはルネサンス人であるとする理由は、これだけではない。選択の自由という、人間にとっての基本的な権利を認め、それを実践したからでもあります。

　神に捧げる日々を送る司祭《プレーテ》や修道士《フラーテ》と俗界で生活する俗人の関係は、前二者が優れ後者が劣る関係ではなく、選択の結果にすぎないということ。さらにフランチェスコは、自分たち以外の宗派や修道会を、正しくないとして非難していない。同時代に創設されライヴァル関係でもあったドメニコ修道会からは軽蔑と悪罵が浴びせられても、フランチェスコ修道会のほうからはそれをしていない。少なくとも聖フランチェスコの口からは、他宗派への非難は一言も吐かれていません。そのうえ彼は、フランチェスコ宗派に属さない俗人に対しても偏見をもたなかった。この人々にも選択の自由はあると、確信していたからでしょう。

とはいえ彼も、キリスト教の神のみが正しい道への導き手であると信じて疑わなかった点では、正真正銘の一神教徒です。このような確信をもつ宗教者にとって、異教徒への布教は神に対しての義務になる。それに、当時は十字軍時代。皇帝や王や君侯が先頭に立って聖地奪回に向ったときのみを数えて、第一次から第七次までの七回が十字軍の遠征であったように思われていますが、諸王侯が帰国した後でも局地戦争がつづいていたのが、パレスティーナの地での現実でした。ということは、第一次十字軍の一〇九六年から第七次十字軍の一二七〇年までの百七十年余り、キリスト教とイスラム教徒は剣を突き合わせていたことになる。

三十代の後半に入っていたフランチェスコは、戦場であったパレスティーナに出向くと決めます。まずはイスラム教徒をキリスト教に改宗させるため。同時に、改宗させることで戦争状態を終結させ、平和を打ち立てるという目的をもって。

この人はやはり、理想主義の人だったのですね。頭巾のついた茶色の修道衣に荒縄を腰で結び素足に皮のサンダルというういつもの姿で、従うのは数人の同じ服装の修道士たち。もちろん、武具どころか短剣さえももたない無防備な装い。これで、イスラム側の天幕に行き、キリストの教えを説き平和を訴えたのでした。

驚いたでしょうね、イスラム側も。頭から足の先まで鋼鉄製の甲冑に身を固めたキリスト教徒の騎士たちとチャンチャンバラバラをやっている日々の合間に、突如現われたこの奇妙な男たちには。

しかし、当時のアラブ人は、自分たちのほうが西欧人よりも文明度が高いと信じていたし、実際そうでした。イスラム側は、フランチェスコとその一団を、捕らえもせず殺しもせず、護衛兵までつけてキリスト教側の陣営に送り返したのです。宗教人には手をつけまいと思ったからではなく、狂人と思ったからですが。フランチェスコという男は、失敗してもくじけないという持続する意志の持主でもあったのですが、これだけは二度と試みていない。無駄であることぐらいは、わかったのでしょうね。

それでも、西欧での信徒の数は増大する一方でした。フランチェスコの教えに共鳴する人々は、彼の眼が黒いうちにすでに、イタリアを越えてヨーロッパ各地に広まっていたのです。とくに、当時の新興階級であった、商人と手工業者の間に。

キリストの教えを守るならばカネもうけもけっこう、稼いだカネは修道会に寄進してくれれば、ライ病患者や孤児や貧困者への福祉に使われるのだから神への奉仕にもなる、と説かれるのだから、彼らが喜んだのも当然でしょう。くり返しますが、当時は十字軍時代でした。戦争があれば、人と物が動きます。物を生産するのは手工業者で、生産された物を動かすのは商人。そして、人と物の運送を担当したのが、船をもっていたイタリアの海洋都市国家。アマルフィ、ピサ、ジェノヴァ、ヴェネツィアの海洋都市国家が、〝十字軍特需〟の最大の享受者になっていきます。加えて、「十分の一税」という天引税によってキリスト教徒からのお金が自動的に入ってくるために、自然に大金が集まるシステムになっていたローマ法王庁。フィレンツェの興隆は、法王庁に入ってくるカネの運用を請負ったことからはじまったのでした。商人という言葉で一くくりできないこれらの新興階級が、フランチェスコ宗派の中核になっていくのです。

この種の人々が信徒の中核であったにかかわらず、フランチェスコの偉いところは、貧しさを尊ぶ精神から絶対に離脱しなかったことでした。この頑固さは結果として、芸術の分野でのルネサンスに道を開くことになるのです。

フランチェスコの考えでは、神と出会う場である教会は、豪華に飾り立ててはいけなかった。しかし、文字を読めない多くの人に、聖書に書かれている事柄を理解させる必要はあります。それでこれまでの教会でも、壁面を使ってモザイクで聖書の内容や聖人たちの行跡を〝絵解《と》き〟していたのですが、モザイクでは、制作費は高くつくし豪華な感じになるのは避けられない。モザイクに比べれば、半乾きの漆喰《しっくい》の上に素早く絵を描いていくフレスコ画法ならば安くついたし、乾ききらない前に描きあげねばならない以上、出来あがった壁画もあっさりと大様な出来上りで、それゆえに質素な印象を与えたのです。

聖フランチェスコがいなかったならば、フレスコ画法の再興は成らなかったとさえ言える。宗教上の理由という需要があったからで、現代でも見られるフレスコ画の傑作は、フランチェスコ宗派の教会に断じて多い。これがジョットーを生み、ルネサンス絵画への道を切り開くことになったのでした。ルネサンスは、聖フランチェスコを除いては語れないのですよ」

「なるほど、ルネサンスにおける聖フランチェスコの位置については納得できました。しかし、皇帝であったことから政治の世界の住人であるフリードリッヒ二世までも、なぜルネサンス人の一人なのですか。この人は、神聖ローマ帝国という中世そのものとするしかない国家の長なのだから、新体制の人ではなくて旧体制に属す人ではないのですか」

「おっしゃるとおりです。この人は、生れでも社会的地位でも、中世を支配してきた旧体制側に属した。

まず、神聖ローマ帝国とは、キリスト教による古代のローマ帝国がいまだビザンツ帝国とか東ローマ帝国の名で健在であった時代に、それに似た国家の西欧での再興を意図した組織であり、フリードリッヒ二世はその皇帝でした。法王が「太陽」で、彼は「月」であらねばならないのが、キリスト教会側にしてみれば、彼に求められた立場であったのです。

第二に、この人は、「神がそれを望んでおられる」の一言ではじまった十字軍にも、代々参加してきた家系に属します。第二次十字軍を率いた一人のコンラッドは祖父の伯父にあたり、その甥であった神聖ローマ帝国皇帝フリードリッヒ一世は、歴史上〝赤ひげ〟（バルバロッサ）の綽名《あだな》のほうで有名ですが、フリードリッヒ二世の祖父にあたるこの人物は、イギリスのリチャード獅子心王やフランス王のフィリップ・オーギュストとともに、第三次十字軍を率いた一人であったのです。そしてフリードリッヒ二世もまた、意図も成果も先祖二人の十字軍とはまったくちがったものになったにせよ、第五次十字軍の総帥を務めることになります。

このように、旧体制にどっぷりつかっていたかのように見えるフリードリッヒ二世ですが、皇帝の子と商人の子という生れのちがいはあっても、聖フランチェスコとは多くの点で共通している。

第一に、二人とも〝ハーフ〟であったこと。聖フランチェスコの父親はイタリア人で母親はフランス人であったことはすでに述べましたが、フリードリッヒ二世の場合は、父親はバルバロッサの息子のハインリッヒ六世だからドイツ人、母親のコンスタンツァは、ノルマンディア地方から南イタリアのシチリアに移住してノルマン王朝を開いた王家の跡取り娘なので、フランス系イタリア人と言えます。

第二の共通点は、この二人ともが、生れ育った地がイタリアであったこと。当時のイタリアは、ヨーロッパのどの地方よりも異文明に対して開かれていた社会でした。つまり、キリスト教世界の中ではどこよりも、異分子の混入が盛んであったために、後に言うところのカルチャーショックを受ける機会に恵まれていたということです。しかもこの二人は、ほぼ同時代に生きた人です。

共通点の第三は、共通点の第二の当然の帰結でもあるのですが、既成概念に疑問をいだいた点でしょう。そして、疑いをもてば、それを晴らしてくれる何ものかを求めるようになる。

聖フランチェスコは、「貧しき者は幸いなれ」と言ったイエスに帰るべきだと考え、皇帝フリードリッヒ二世は、「神のものは神に、皇帝のものは皇帝に」と言ったイエスに、キリスト教世界も帰るべきだと考えたのでした。

第四の共通点は、この二人はともに高等教育を受けていないという事実です。

アッシジは中部イタリアの小さな町にすぎないが、フランチェスコの父親は幅広く商いをしていた人なので、一人息子には充分な教育を与える資力には不足しなかったはずです。それでもフランチェスコは、さして遠くないボローニャにある大学の門をたたいていません。

またフリードリッヒ二世も、三歳にして父も母も失った孤児の境遇にあったとはいえ、神聖ローマ帝国皇帝の直系。適度の教育は与えられていたはずですが、当時ではラテン語で「ウニヴェルシタス」と呼ばれていた大学は経験していないのです。法王イノセント三世が、パリ大学とボローニャ大学で学んだことと比較してみてください。

教育は人間の成長に必要不可欠であるほど重要ですが、マイナス面もないではない。教育が高等になればなるほど、既成の概念をたたきこむことのほうが多くなるという事実です。聖フランチェスコも皇帝フリードリッヒ二世も、期せずして教育のマイナス面を受けずにすんだことが、二人の人生の方向を決めた要因の一つではなかったかとさえ思いますね。

ただし、高等教育のマイナス面から解放されてもプラス面も知らないのでは、ただ単に知力が劣るだけで終ってしまう危険性がある。この欠陥は二人とも自力で克服したのですが、克服のしかたはやはりちがった。

聖フランチェスコは、虚心に聖書に向うことでイエス・キリストの声を聴きとろうとし、自然に向えば小鳥の声に耳を傾けるだけでなく話しさえし、人々が近づくことさえ嫌っていたライ病患者を抱きかかえて保護し、そして何よりも、自分自身の心の奥底から聴こえてくる「声」を大切にしたのでした。

一方、フリードリッヒ二世は、好奇心のおもむくままに数多の書物を読みふけり、母方の祖先にあたるノルマン王たちの開放政策のおかげで、当時のシチリアには珍しくなかったアラブ人やユダヤ人と付き合うことで、偏見から自由な、しかも実地の教育を積んでいったのです。母方の祖父の代に建てられたモンレアーレの大寺院を訪れたことのある人は、キリスト教の教会というのに、その内部すべてをおおうモザイク装飾のアラブ様式には眼を見張るでしょう。ドイツ人でありながらフリードリッヒは、イタリア読みのフェデリーコの名のほうが通用するこの世界で育ったのです。聖フランチェスコは、イタリア語とフランス語のバイリンガルであったと言われていますが、フリードリッヒ二世はバイリンガルどころではない。ギリシア語、ラテン語、ドイツ語、フランス語、イタリア語、アラビア語を、完璧に読み書き話せたということです。アラビア語習得の必要は、シチリア王でもあった彼の臣民の一部がアラブ系であったからというより、科学を学ぶ必要からでした。広い分野にわたっていたフリードリッヒの関心の中でも、とくに強かったのが数学と幾何学と天文学であり、それらを学ぶには、当時ではアラビア語で書かれた書物を読むか、アラブ人から教えを受けるしかなかったのです。

しかし、これではキリスト教世界では異分子になるしかない。異分子でも、異教徒との通商で成り立っているヴェネツィア共和国の商人ならば不都合もなかったでしょうが、フリードリッヒは、キリスト教を守り立てる責務を誰よりも課されている神聖ローマ帝国の皇帝です。自らの心の声に忠実に生きるということならば、聖フランチェスコのほうが容易ではなかったかと思う。法王イノセント三世が認めて以後のフランチェスコ修道会には、異端と断罪され破門される危険はなかったのですから。反対にフリードリッヒは、その生涯を破門につきまとわれることになる。法王は太陽、皇帝は月とする考え方に、服従を拒否したという一事ゆえに」

「フリードリッヒ二世の生きた時代からは八百年が過ぎようという現代でもなお、ヨーロッパでは、宗教に対する人間の態度を三つに分ける考え方が生きています。イタリア語で言えば、

「アテオ」(ateo)——無神論者、無信仰者、神の存在を信じない人を指す。

「クレデンテ」(credente)——信仰者、とくに「プラティカンテ」と断われば、掟《おきて》を忠実に守り、日曜日には必ず教会でのミサに参列する人を言う。

「ライコ」(laico)——神の存在の否定まではしないが、宗教が関与する分野と関与すべきでない分野の区分けを、明確にする考え方を採る人のこと。

　修道士である聖フランチェスコが「クレデンテ」であり「プラティカンテ」であったのは当然ですが、フリードリッヒ二世とて「アテオ」であったのではない。ただしあの時代には、「ライコ」であっても「アテオ」と見なされたのです。著作が法王庁から禁書に処される政治思想家のマキアヴェッリも「ライコ」、地動説の撤回を強いられた科学者ガリレオも「ライコ」。ルネサンスとは、これらの「ライコ」たちが起した精神運動であったと言ってもよい。しかし、フリードリッヒ二世の不運は、このルネサンスのはじめに生きたがゆえに、法王は太陽、皇帝は月と言ってはばからなかった時代のキリスト教会を相手にしなければならなかったことですね」

「彼以外の皇帝や王たちは、月や星と見なされても反抗しなかったのですか」

「反抗は常にあった。でもそれは、皇帝や王が統治する国で聖務に就く高位聖職者の任命権は、法王にあるのか皇帝や王にあるのかをめぐっての抗争で、人事権は権力の第一だから重要事であることは

確かでも、単なる権力争いの印象は免れなかった。ところが、フリードリッヒがローマ教会に突きつけたのは、より根元的な政治と宗教の分離であり、これはもう、十五世紀のマキアヴェッリの、そして十八世紀になって起る啓蒙主義の、前ぶれとしてもよい「ライコ」思想による中世体制への挑戦でした」

「具体的には、フリードリッヒ二世のライコ精神はどのような形で現われたのですか」

「まず第一に、法律の整備です。古代のローマ帝国が頭に入っていた彼の考えに立てば、再整備と言ったほうが適切かもしれない。

第二は、最高統治者である皇帝を補佐する、官僚機構を組織したこと。フリードリッヒの考える帝国は中央集権そのものであったので、その皇帝の手足の機能をする官僚システムは必要不可欠だったのです」

「中国の科挙のような試験制度でもつくったのですか」

「それはつくらなかった。フリードリッヒという人は、他者による判断よりも自分の判断のほうに信頼を置く人であったからです。

それで第三ですが、税制を整備したことでした。とはいえ、長い歳月にわたって放置されてきた国家が再び機能しはじめるには欠かせない、物的人的インフラの創設に要する費用を捻出するためもあって、公正を期すことは実現できたにしろ、税率のほうは相当に高かったようです。

でも当時は、封建諸侯たちによって、誰からでもどこからでも取れるだけ税を取るのが普通であった時代ですよ。フリードリッヒが課した重税は、何に対しても重税であったのではない。税の徴収ということならば最も容易だった関税は、低く押さえています。経済力の向上が、帝国の統治上の重要事の一つと認識していたからでしょう。経済の振興は物産の流通が成り立ってこそで、それには関税を低く押さえるのが有効であったからです。

第四も、経済力の向上を狙ったからこそ生れた政策で、通貨の整備がそれでした。

中世時代の国際通貨は、ビザンツ帝国発行のソルドかイスラム世界の通貨であるディナルだった。ヨーロッパの諸通貨は悪貨と見なされて信用度が低く、ヨーロッパに住む人ですら、自国の通貨を手にするやなるべく早くソルドかディナルに換金していたくらいです。これでは、いつまで経ってもヨーロッパ通貨の信用度は改善されない。信用度の低い通貨を使っているかぎり、経済の振興は夢で終るしかありません。フリードリッヒは、良貨再興を期し実践したのです。

彼はこの新金貨を、「アウグスターレ」（アウグスト式）と名づけます。ローマ時代の金貨に比べれば重さは三分の二ですが、混合物なしの純金製であることではローマ帝国並み。皇帝の横顔を彫る様式からその周囲に文字によるメッセージを刻むことから、ローマ帝国の通貨制度を整備した人である初代皇帝のアウグストゥスを踏襲する考えであったことは明らかです。これが流通するようになってはじめて、オリエントの人々でも西方の通貨を受け取るようになったと言われています。悪貨が良貨を駆逐すると言われますが、駆逐したとしてもそれは短期の話で、長期的には駆逐されるのは悪貨のほうということでしょう。悪貨を乱造しては眼前の利益をむさぼるしか考えなかった王侯が大半であった当時、良貨をもつことの真の利益を知っていたフリードリッヒはやはり特別な存在でした。他国との通商で富を築くことになるイタリアの海洋都市国家のジェノヴァやヴェネツィアが、良質で信用度も高い金貨を発行するようになるのは、フリードリッヒの本拠であった南イタリアで鋳造された「アウグスターレ」から、半世紀以上が過ぎた後のことなのですよ」

「フリードリッヒ二世が強行したライコ色濃い政策の第五は、学問芸術の分野での改革であったと言えましょう。

南イタリアのナポリに、彼は大学を新設します。表向きの理由は、自国内の優秀な若者が学問を修めるのに他国の大学に行かねばならない現状は、統治者としては忍びがたい、でしたが、本音は別のところにあった。ボローニャの大学が法王庁の影響下にあって、そこで教えるキリスト教的な法学を臣下が学ぶのを嫌ったからです。つまり、ナポリ大学はボローニャ大学に対抗する学府として、設立されたのでした。法学校《ロー・スクール》としてもよいナポリ大学で教える法律は、キリスト教とは無関係なキケロ時代のローマの法律であったのですから。そして現代でも、ナポリ大学の公式名は、フリードリッヒをイタリア語読みにした、「フェデリーコ二世大学」というのです。

また、ナポリからは近いサレルノにはヨーロッパでは唯一の医学校があったのですが、フリードリッヒはそれをより開けた学府に改める。民族も宗教も関係なく誰もが学べる学府にしたのです。アラブ人やユダヤ人はもちろんのこと、女の医学生すらもいたと言われています。

シチリアのパレルモも、フリードリッヒにとっては生れ育った地であり自分の宮廷を置いていた都市ですが、そのパレルモの宮廷内に彼は研究所を設立する。そこに集められた文献は、ギリシア語ラテン語にかぎらずアラビア語でも書かれたもの、集められた哲学者、科学者、文学者たちの民族別も、イタリア、ドイツ、スペイン、フランス、アラブ、ユダヤにおよんでいたというのだから、これも古代では有名な研究機関であった、エジプトのアレクサンドリアの「図書館《ムセイオン》」の模倣ではないかと思ってしまいます。フリードリッヒは、当時の教会が交流を禁じていたイスラム教徒であるエジプトやチュニジアのスルタンに手紙を送り、優秀な学者の招聘の仲介まで依頼している。この皇帝直属の研究所で成された業績は、当時はヨーロッパの知的用語で国際語でもあったラテン語で書かれた論文で発表されたのですが、名実ともに〝研究所長〟であったフリードリッヒ自身も、いくつかの著作を発表しています。その中でも最も有名なのが、彼が愛好した鷹狩りについての考察書で、これは趣味人の域を完全に超えた科学書であり、近代鳥類学のはじまりとされている。

それにまた、研究員には学者だけでなく文人も少なくなかった。この文人たちによって、古代のラテン語の俗語的変形にすぎなかった、イタリア語の改良がはじまるのです。粗悪な言語であったがために知的な人は使用を避けるという庶民の俗語の域に留まっていたイタリア語が、言語としての完成度を高めていく端緒は、フリードリッヒの宮廷からはじまったのでした。

言語としての完成度が劣れば、完成度では高いラテン語に頼りつづけるしかない。当時のラテン語は、キリスト教会の聖職者の専売特許と言ってよかった。この状態がつづくかぎり、知的な分野であればあるほどローマ教会の影響から脱することが困難になる。高尚な思想であろうと繊細な感情であろうと表現可能なイタリア語をつくりあげようとしたフリードリッヒの想いは、百年もしないうちに、詩人ダンテによって花開くことになるのです。はじめに言語ありき、とは聖書にもありますが、まったく言語とは、理性、感性、悟性を明確にしそれを表現するには最上の〝道具〟ということですね。

フリードリッヒは、言語もまた、神のものではなく人間のものであるべきと確信していたのです」

「しかし、十八世紀の啓蒙君主を先取りした観さえあるフリードリッヒ二世であったのに、なぜ、同時代では他のどこよりも活気のあった北部と中部のイタリアの小都市群からは、激しくしかも執拗に反抗されたのですか」

「啓蒙君主とは改革というはっきりした目標をもっている人のことですから、自分は何をやりたいかを明確に知っているリーダーということでもあります。やりたいことを実現するには、万人がその必要性を自覚し納得するのを待っていたのでは実現できない。実現には強権の行使は避けがたく、それゆえに専制的なリーダーになるのは、啓蒙君主の宿命でもあるのです。

古代ギリシアの都市国家アテネも、ペリクレスが三十余年の長きにわたって君臨していた時代にかぎれば、同時代人の歴史家ツキディデスから次のように評されている。外観は民主政体だったが、内実はただ一人が統治した国家であった、と。

文芸復興という面ではこのアテネと比較されることの多いフィレンツェ共和国でも、ペリクレスがアテネで実現したように政情の安定に成功したのは、メディチ家の当主コシモが政局を手中にした時期からです。生涯を一市民として過ごしたにかかわらず、このコシモの台頭から孫のロレンツォの死までの時代を、メディチの時代とさえ言う。そして、歴史上ではメディチ家の僭主時代と呼ばれるこの時期のフィレンツェは、政治から文化に至るまで、メディチ家が主導権を行使していた時代であったのです。

しかし、一介の商人から成り上ったメディチと、神聖ローマ帝国の皇系に生れたフリードリッヒでは比較はできません。出生のちがいだけでなく、十三世紀前半と十五世紀前半という、彼らが生きた時代を比べるだけでも二百年の差がある。また、法王庁が強大であった時代と、それが下り坂に入った時代というちがいも無視できません。フリードリッヒ二世のいだいたローマ帝国型国家の再興という野望を単なる時代錯誤と断ずるのは、後世から歴史を振り返る者が犯しがちな誤りと言えましょう。忘れてはならないことは、ロレンツォ・ヴァッラによる『コンスタンティヌスの寄進状』がローマ教会が秘かにつくらせた偽造史料であることを実証したのは、十五世紀の前半になってからだということです。つまりそれまでは、この『寄進状』を盾にした法王による「聖務禁止」や「破門」の処置が、人々を縛っていたのでした。これほども強大な法王庁に対抗するには強大な世俗国家を確立するしかないと、フリードリッヒは考えたのでしょう。

ただしここで、フリードリッヒは致命的な誤りを犯す。南伊では経済活動までも統制下に置くことで経済の振興に成功していた彼は、北伊でも中伊でも、それを実施しようとしたのです。しかし、ミラノを中心にする北伊とフィレンツェを中心にする中伊では、経済人は国家の助力なしの自力による活動が実績をあげており、それゆえに自信をもっていた。彼らが、皇帝の統制経済策に反撥したのも当然です。古代のローマ人ならば、このような場合はそれらの都市を自由都市に認定し、内政にかぎったとしても都市国家内の自治を許したでしょう。広大な領国の統治は、中央集権だけでは不可能であり、成ったとしても生命は短い。中央集権と地方分権の巧妙な併立が成ってこそ、広大な領域でも機能できる。古代のローマ人のこの智恵に、フリードリッヒは気づかなかったのか。それとも、この智恵を発揮できた時代のローマ人ならば無縁でいられた、一大宗教勢力であるローマ法王庁を、自分は敵にしなければならないという想いが、他の分野では柔軟だった彼でさえも硬化させたのか。

いずれにせよ、北・中伊の商人層の反撥に、これまでのフリードリッヒの「ライコ」的言動への不満と怒りをもてあましていた法王庁が乗ったことで、問題はより複雑化してしまったのでした」

「高校の歴史教科書にもある、グェルフィとギベリンの抗争ですね」

「そう。グェルフィは法王側を指し、ギベリンは皇帝側を意味していましたから。

ただし、イタリアで起ったグェルフィとギベリンの抗争は、ヨーロッパの他の国でもあった、聖職者の叙任権をめぐる法王と国王の抗争とは同じではなく、イタリアのみの歴史現象です。法王側にはついたもののイタリアの商人たちは、「法王は太陽で皇帝は月」などとは信じてはいなかったからです。むしろ、思想的には、法王よりもフリードリッヒに近かった。なぜなら彼らこそが、俗界への宗教の介入を否とした聖フランチェスコの興した新宗派の、信徒たちの中核を成していた人々であったからです。つまり北・中伊の経済人たちは、フリードリッヒの思想の核であった政教分離に反撥したのではない。フリードリッヒが強行しようとした、国家による規制に反撥したのです。反対に法王側とは、経済上の利害ならば一致していた。

ローマの法王庁には、十分の一税という名の宗教税に加えて、各地に散在する広大な領地からの収入や信徒からの寄進などで莫大な額のカネが集まるようになっていました。だがそれを、目的は信徒のために使うということにあったにせよ運用する能力は、聖職者の集団である法王庁にはない。その運用を請け負っていたのが、フィレンツェやミラノの金融業者であり、贅沢好みの高位聖職者階級の必要とするものを購入していたのも、北・中伊の商人たちであったのです。

グェルフィとギベリンの抗争は、思想のちがいから生れた抗争ではない。現実的な利害の衝突からはじまった、争いにすぎません。事実、フィレンツェがグェルフィならば、ピサやアレッツォはギベリン側に立った。隣国同士であるだけに、常日頃から仲が悪かったからです。この抗争の外にありつづけることで中立を維持していたのはヴェネツィア共和国ですが、ヴェネツィアの商人たちの取引先は法王庁ではなく、オリエントの異教徒たちであったからでした。

とはいえ、このように直接の利害関係が交わる世界に争いの種をまいてしまったのは、祖父のバルバロッサが手をつけたこととはいえ、それを継承するのに疑いをもたなかったフリードリッヒの現実感覚を疑うしかありません。他の分野では鋭い現実感覚を発揮した彼でさえも、神聖ローマ帝国皇帝の権威を過信していたのかと思ってしまう。このフリードリッヒに比べれば、「第三階級」を設立することで経済活動を宗教の束縛から解放した聖フランチェスコの現実感覚の冴えは、商人の息子に生れたことで経済人というものを熟知していたがゆえであったのか、と」

「聖フランチェスコで思い出しましたが、この宗教者も皇帝フリードリッヒ二世も、聖地に出向いて平和を訴えたことでは同じですね」

「聖フランチェスコはイスラム教徒を改宗させることでパレスティーナの地に平和を打ち立てようと考えたのですが、フリードリッヒ二世のほうは異教徒の改宗はまったく考えていなかった。それに彼の聖地行は、自発的に行った聖フランチェスコとはちがって、しかたなく行ったにすぎません。

フリードリッヒは、「神はそれを望んでおられる」の一言ではじまった聖地奪回のための十字軍遠征を、賛同するどころか嫌っていた。イェルサレムはキリスト教徒にとっての聖地であるだけでなく、イスラム教徒にとっても聖地であったからで、それをキリスト教徒が〝奪回〟することの正当性に疑いをもっていたからでしょう。

とはいえ彼は、キリスト教徒の世界では、俗界の第一人者である神聖ローマ帝国の皇帝です。法王にすれば、十字軍を率いることこそが皇帝の責務の第一と考えられていた時代でした。それでフリードリッヒにも聖地を奪回するための十字軍を率いるよう再三の要求が送られるのですが、彼はそれを何かと理由をつけては逃げていた。ドイツの諸侯を完全に支配下に置いた後でとか、北伊のグェルフィたちの反乱を鎮圧した後でとか、理由をつけては先送りしていたのです。ところが、遅延の連続に腹を立てたローマ法王は、フリードリッヒに十字軍遠征を実行するよう命じ、これ以上先送りするようならば破門に処すと厳命したのでした。

三十二歳の皇帝はしかたなく、南伊のブリンディシの港から軍勢を率いて出港はしたのです。ところが、船中で疫病が発生したという理由で、一週間も過ぎないのに引き返してしまった。怒ったのはローマ法王。今度ばかりはほんとうに彼を破門に処し、南伊全域の聖職者たちには信徒への聖務遂行を禁じたのです。

若き皇帝は、すぐにも屈したわけではない。自領内の聖職者たちには死罪で脅して従来どおりに聖務を遂行するよう強要し、同時にローマには、『コンスタンティヌスの寄進状』を盾にしての法王庁の俗権への侵害を非難したのです。とはいえ、キリスト教会との正面衝突は彼とても避けたい。と言って、従来のような十字軍はやりたくない。その後の一年足らずの間に、シチリアのパレルモとエジプトのカイロをへだてる地中海を、キリスト教徒の皇帝とイスラム教徒のスルタンとの間に交わされる書簡が、幾度となく往復したのです。

　政治家であるフリードリッヒは、宗教者である聖フランチェスコとはちがって、他者への愛を説けば相手が聴き容れるとは信じていなかった。こちらの要求を相手が聴き容れるのは、それをすることが相手側にとって利益になる場合であると知っていたのです。西欧の多くの人とはちがってイスラム世界の実情に通じていた彼には、オリエントのイスラム君主たちが、その時点では大規模な戦争ができる状態にないことがわかっていた。それで皇帝は、流血なしの解決を提案したのです。ちょうどこの時期、フリードリッヒは最初の妃を亡くし、二度目の妃を迎え入れたばかりでした。二度目の夫人とは、名ばかりとはいえイェルサレム王の一人娘で、この結婚によって彼のもつ称号には、イェルサレム王というのも加わったことになる。イェルサレムの王でもある神聖ローマ帝国皇帝の率いる十字軍と対決するのを嫌ったエジプトのスルタンは、フリードリッヒの提案を受け容れたのです。

　これが確認できてはじめて、フリードリッヒは海路、パレスティーナに向けて出発します。これが第五次十字軍で、疫病を理由に引き返してから十ヵ月が過ぎた、一二二八年の六月のことでした。実情を知らないローマの法王はようやく安心し、これであの反逆児も第二次十字軍のコンラッドや第三次十字軍のバルバロッサの血を引く者にふさわしい、異教徒相手の華々しい戦闘をくり広げてくれると期待していたのです」

「しかし、イスラム側との話はすでについている。頭から足の先まで鋼鉄製の甲冑に身を固めた騎士や多数の兵士たちを従えての上陸とはいえ、戦場に向うというよりもパレードの会場に向う雰囲気。迎えるイスラム側も、カイロから駆けつけたスルタンの代理を先頭に、賓客の到着を迎えるとでもいう感じで皇帝を待ったのでした。

聖地での第一夜をイスラム様式の華麗な宮殿で過ごしたフリードリッヒは、翌日、再び挨拶に現われたイスラム側の高官たちに言います。ミナレットの上から信者たちに告げられるという、モアヅィンの声が聴こえなかったがどうしてか、と。かしこまったイスラムの高官は、キリスト教世界の俗界の首長への礼儀として、皇帝のパレスティーナ滞在中はモアヅィンをやめさせたと答えます。それに、笑い出した三十三歳の皇帝は、次のように言ったのでした。

「ならば、あなた方イスラム教徒がヨーロッパを訪問するときには、われわれキリスト教徒は教会の鐘を鳴らせなくなってしまうではないか」

これに安堵したのかモアヅィンは解禁されたので、聖地にあるモスクの尖塔という尖塔から、イスラム教の祈りの時刻になるやいっせいに、モアヅィンが朗々と響きはじめたのでした。ところが、モアヅィンは再開させてもそれに従う地に平伏しての祈りは遠慮していたイスラム側の高官たちは、眼前にくり広げられた光景を見てわが眼を疑います。フリードリッヒが従えてきた皇帝の臣下のうちでも少なくない数の人々が、モアヅィンが響きはじめるや皇帝に尻を向けるのもかまわず、メッカの方角に向ってひざをつき、ひたいを地にすりつけての祈りを捧げはじめたのです。それを見る皇帝の顔も常と変わらず、不快の影さえもない。聖地のイスラム教徒はそのときはじめて、神聖ローマ帝国皇帝フリードリッヒの臣下に、イスラム教を奉ずる人が少なくない事実を知ったのでした。

それまではカイロのスルタンからの厳命ゆえフリードリッヒに礼をつくしていた彼らも、このエピソードを境にそれが自主的な感情に変わります。これではフリードリッヒの聖地滞在が何の支障もなく進んだのも当然で、翌年早々、三十四歳の皇帝はイェルサレムの聖墳墓教会で、正式にイェルサレム王として戴冠しました。

イスラム側との和平協定のほうも、順調に進んでいた。その内容は次のとおりです。

第一に、パレスティーナ地方のうちでもイエス・キリストに縁の深いイェルサレムとベツレヘムとナザレは、神聖ローマ帝国皇帝でありイェルサレム王でもあるフリードリッヒ二世の主権がおよぶ地域とする。ただし、イェルサレムにあるイスラム教の聖所の主権はイスラム側にあるとし、ここに参拝するイスラム教徒の信教の自由と身の安全を、キリスト教側は尊重し保証しなければならない。

第二、聖地には主権者である皇帝の軍隊を駐屯させるが、それは聖地巡礼にくるキリスト教徒の保護とともに、同じ目的でイェルサレムを訪れるイスラム教徒の保護も目的とする。

第三、キリスト教側は以後、エジプトもふくめたオリエントのイスラム領土全域に対して侵略行動を起さない。

これらの条項を中核にした和平協定は、フリードリッヒとカイロのスルタンの署名と押印が成されて成立します。そして、第五次になるこの十字軍遠征に従っていた軍勢の一部はそのまま聖地に残り、警護を受けもつことになりました。フリードリッヒはわかっていたのです。この和平協定に不満をもち協定を破る行動に出るのは、イスラム側よりも、これまでパレスティーナにあってイスラムとは敵対しつづけてきた、狂信的なキリスト教徒であることを。事実、パレスティーナ在住の聖職者たちは和平には反対で、ローマの法王の許へは彼らからの、異教徒に屈したとするフリードリッヒ非難が続々と送られていたのです。

イタリアに帰還したフリードリッヒを迎えたのも、破門解除ではなく破門の続行でした。ローマ法王からの非難は、異教徒を一人も殺さなかった十字軍は認めないというもの。この人々の考えでは、信徒の聖地巡礼の自由と安全を保障できても、それが異教徒を撃退した成果でなければ、聖地奪回を目標にする十字軍ではなく、ゆえにフリードリッヒは皇帝の責務を怠った、となるのです。

結局、イスラム側の非協力というよりもパレスティーナとヨーロッパ双方でのキリスト教徒の協力拒否によって、フリードリッヒの和平協定は短い生命しか保てなかった。イェルサレムをめぐってイスラムとキリストの両派は再び戦闘をはじめ、フリードリッヒの平和が成ってからわずか十五年後に、イェルサレムもベツレヘムもナザレも、イスラム側に占領されてしまいます。そして、この四年後、再び聖地をキリスト教徒の手にすることを目的に結成されたフランス王ルイが率いる第六次十字軍は、六年かけても結果は敗北。ルイが再度試みた第七次十字軍に至っては、パレスティーナとはほど遠い北アフリカのチュニスに上陸できただけ。しかも、迎え撃ったイスラム軍の前に敗北を喫してしまい、それを苦にした王は病に倒れて死ぬ。そして、ついに一二九一年、キリスト教側にとっては最後の砦であったアッコン（現アッコまたはアクレ）からも撃退されて、十字軍の最後の一兵に至るまで地中海に追い落した、というイスラム側の高言どおり、一〇九六年からはじまった十字軍は終りを遂げたのです。その頃にはもはや、フリードリッヒはこの世の人ではなかった。しかし、同じくこの世の人ではなかったフランス王ルイ九世のほうは、ローマ教会から聖人に列せられます。歴史上で聖ルイ、と言えばこの人のこと。ルイが聖人に列せられたのは、奇跡を行ったからではなく、聖フランチェスコのように多くの人に救いをもたらしたからでもなく、異教徒相手に闘って死んだのが理由でした」

「イェルサレムをめぐる現在のユダヤ側とパレスティーナ側の抗争を思い起せば、言葉がないという想いになりますね」

「問題解決を考える人がいないのではない。その考えの実現と続行には不可欠な、協力者が得られないだけなのです。聖地奪回をかかげた十字軍のもともとの目的は、キリスト教徒の聖地巡礼の自由と安全にあったのだから、それさえ達成されれば十字軍も目的を達したはずです。しかし、敵対状態がつづけばつづくほど、当初は手段であったものが目的と化してしまう。つまり、聖地巡礼の自由と安全の確保よりも、聖地パレスティーナに住むイスラム教徒の排除になってしまう。フリードリッヒ二世は、手段の目的化という弊害から自由であった、当時では数少ない人物であったのでしょう。いや、現代までも視界に入れれば、当時では、という言葉は、いつの時代でも、に置き換えたほうが妥当かもしれません」

「生前にすでに信徒は増える一方、しかも死の二年後には早くも聖人に列せられたフランチェスコが歴史上の勝者ならば、五十六年の生涯をローマ法王庁に反抗することで終始し、しかも結局は失敗してホーエンシュタウヘン王朝も息子マンフレディの代で終わることになるフリードリッヒは、歴史上では敗者とするしかありません。しかし、中世から脱しつつあったヨーロッパの心ある人々には、後のヨーロッパ諸国の形成に影響を与える「ライコ」的な国家のモデルが、彼が実現しようと努めた帝国にあることを理解できたにちがいない。また、真の国家とは政治や軍事のみでは成り立たず、経済も学問も文化も重視されてこそ文明国であるといえることも、彼の成した数々の業績から学んだはずです。それに加えて、フリードリッヒが体現した資質豊かな指導者の像。これこそが、ルネサンスが生むことになる、再生し自立した人間の形であるのですから。

アッシジには、今日も多くの信者が世界各地から巡礼に訪れる。それはそれでよいし、価値もある。しかし、南イタリアのプーリア地方にそびえるカステル・デル・モンテ（山の城）と呼ばれる城塞を訪れたことのある人ならば、これは何を目的にして建てられたのか、とまず考え、このような特異なものを作らせた男の頭の中を知りたいと思ってくるはずですよ。

フリードリッヒ二世について語るのは、彼がどのような肉体の持主であったかを物語ることで終えましょう。

キリスト教会からは異端あつかいされてきただけに、フリードリッヒの肖像は絵画でも彫刻でも存在しません。現代にまで遺るのは、著作の片すみに描かれた細密画家の筆によるものと、皇帝用の印に刻まれた浮彫りに、金貨に刻まれた横顔のみ。髪の毛は祖父に似て赤毛であったという記録はあっても、背が高かったのかどうかを示す史料もない。ただし、パレスティーナを訪れた当時の彼を見た、

カステル・デル・モンテ

アラブ人の証言が一つあります。それによれば、神聖ローマ帝国の皇帝は貧弱な肉体の持主で、奴隷市場では安い値しかつかないにちがいない、とあるのです。

生涯と業績から推測すれば堂々たる美丈夫であって当然という感じですが、中世の偉大なる反逆児の実体は、奴隷市場でも買い手がつかない怖れのある、貧弱な肉体の持主であったというのだから面白いではないですか。

しかし、肉体は親からゆずられたものでも、精神は自分でつくり上げていくもの。私だったら彼の肖像を、地中海の蒼空を背に今なお陽光を浴びて白くそびえ立つ、美しくも明晰な設計のカステル・デル・モンテの城塞で代表させますね。早く生れすぎたルネサンス人であったために、中世最大の反逆者にならざるをえなかった男の、面影をしのぶためにも」

「いよいよこれから、ルネサンスでも大輪の花が咲く時代に入っていくわけですが、このルネサンスという精神運動はなぜイタリアで起ったのでしょう」

「旧体制の本拠としてもよいローマの法王庁が、すぐ身近に存在していたというのが第一の理由。遠く離れていれば欠点は眼につきにくいが、近くにいればいやでも眼に入ってしまいます。法王庁などはスイスに移ってしまえと書いたマキアヴェッリとか、眼の黒いうちに見たい三つの事柄の一つは政治に口出ししない聖職者の群れ、と書いたグイッチャルディーニのような人物は、同時代のフランスやドイツやイギリスには生れなかった。なにしろ、交易立国であったヴェネツィアやジェノヴァを除く他のイタリアの都市国家は、フィレンツェをはじめとしてローマ法王庁の財務を請け負うことで経済発展の基礎をつくったのです。ヨーロッパ中の信徒から法王庁に集まる膨大な量のカネの運用役を務めていたのがイタリアの金融業者であったからで、人間関係でも金銭が介在してくると、人間の本性が露呈しないではすみません。イタリアの経済人は金もうけに精を出しながらも、聖職者階級の実態もしっかりと見ていたということですね。

第二の理由は、住民の自治をモットーにした「コムーネ」と呼ばれる住民共同体が、イタリアで生れていたという事実。この「コムーネ」がフランス革命の時代になってフランスに移植されると、「コミューン」になるのです。

十四世紀にはまだ乱立気味であった数多くの「コムーネ」も、十五世紀にはミラノ公国にヴェネツィア、ジェノヴァ、フィレンツェの各共和国、それに法王庁にナポリ王国という強国の下に統合されていく。もはや自治体の意味の強かった「コムーネ」ではなく、それぞれの国情に合った統治組織をもつ「都市国家」になっていったのです。それぞれの国情というのは、ミラノ公国は公爵が、ナポリ王国は王が、法王庁国家はローマ法王が統治し、ジェノヴァ共和国は四つの有力家系が二派に分れての交互の統治システム、フィレンツェ共和国はメディチ家主導の僭主政でまとまり、ヴェネツィア共和国だけが、寡頭《かとう》政と呼ばれる少数指導制の共和政体を維持しつづけているという状態にあった。

ただし、都市国家の名に真に値するのは、地図を見るだけでも、ヴェネツィアとフィレンツェであることは確かです。この二共和国だけが、「コムーネ」の自主独立の精神をより強く継承し、それを長期にわたって維持したからです。そしてルネサンスも、まずはじめにフィレンツェ、次いでヴェネツィアで花開くことになる」

「なぜイタリアにおいてだけ都市国家は生れ、しかも繁栄したのですか」

「それにはまず、都市国家とは何であったのかを、大筋にしろ明快にしておく必要がありますね。

古代ギリシアのポリスを思い起すだけでも、都市国家とは「はじめに都市ありき」で、都市からはじまってその周辺を統合していった国体を意味します。そして、コムーネも都市国家も生れない以前の中世は、土地を資産とする経済構造下にあり、その土地を所有する封建領主が主導権をふるっていた時代でした。これに対し、土地は持っていないが頭脳は持っている人々が集まって作ったのが都市国家です。都市とはイコール頭脳集団、と言ってよいくらい。精神面でも、この両者のちがいは明らかでした。それまでの「ノーヴィレ」（貴族）は血筋の問題であったのが、ダンテが言うように、「血がノーヴィレを決めるのではなく、精神の高貴さが決める」に変わってくる。所有する土地の広さと何代も昔にまでたどれる血統に代わって、才能の豊かさと気力の強さが、人間の評価の基準になっていったのです。

ルネサンスが、中世の秋であるのか近代の春になるのかの議論は、私にはまったく興味ありません。時代の区分とは、ある時点で線を引いて、ここまでは中世でこれより後は近代、と断定できるものではないのです。

とはいえ、十三世紀が境になったことは事実でしょう。聖フランチェスコもフリードリッヒ二世も、十三世紀の前半に生きた人です。また、この時期イタリアの人口は、増加に向けて急カーブを切る。しかも、ペストの大流行で激減しても、短期間で回復している。福祉によって弱者でも生存が容易になった、現代とはちがうのです。あの時代の人口増の原因は、食べていけるようになったから、に尽きる。"十字軍特需"による経済力向上は、海運や交易や金融や手工業にかぎらず、その他の業種にもおよんだということでしょう。

しかもこの中心になったのが、頭脳集団でもあった都市に住む市民たち。彼ら一人一人の生産性は非常に高く、十五世紀というルネサンス盛期ともなると、封建領主や修道院の所有地で働く人の四十倍になっていたとする学者もいます。事実、領有する土地の広さならば中程度の国家とするしかないフィレンツェやヴェネツィアの経済力のほうが、フランスやイギリスやトルコを完全に凌駕していたのですから。

通商は、異分子との交流なしには成り立たない。交流すれば、純粋培養時にはなかった刺激を受ける。この種の刺激を受けたのが生産性では群を抜いていた頭脳集団なのだから、彼らが経済上の成功者にならないほうがおかしい。

ただし、経済大国になりつつあったイタリアの諸都市が偉かったのは、学問の分野への投資も忘れなかったことですね。この分野でも先鞭をつけたのはフリードリッヒ二世ですが、すでに存在した世界最古のボローニャ大学に次いで、フリードリッヒによって単なる医術から医学を極める学府に生まれ変わったサレルノの医学校。フリードリッヒが新設したナポリ大学、そしてヴェネツィアが力を入れることで最高水準の学府になる北イタリアのパドヴァ大学と、「ウニヴェルシタス」（Universitas）と呼ばれる最高学府の創設は、十三世紀の前半に集中しています。さらにこれらと同時期に活発な活動をはじめるパリ、オックスフォード、ケンブリッジも加えれば、現代でもつづいているヨーロッパの主要大学は、十三世紀にはすでに「ユニヴァーシティ」になっていたことになる。しかも興味深いのは、これらイタリアの諸大学とパリ大学には、十四世紀に入るやいち早くアラブを学ぶ学科が置かれたことでした。

紀元一二七〇年には最後の十字軍が敗北し、一二九一年には、十字軍の最後の兵士までもパレスティーナから撃退されて姿を消します。要するに十字軍という、西方による東方への軍事運動は西方側の完敗で終ったわけですが、敗北したヨーロッパは、もうオリエントのこともイスラム教もアラブ人も忘れたいと思ったのではなく、反対に、もっとよく知りたいと考えたのだからスゴイ。ヴェトナム戦の後にアメリカの大学に、いっせいに東アジアを学ぶ学科が創設されていたとしたら、それに似ていましたね。
十字軍の遠征に、兵士としてでも海運や通商の業者としてでも参加していた男たちは、オリエントならば肌で知っていると言えたでしょう。しかし、肌で知っているだけでは、彼個人の智恵にはなっても他者もふくめての共有財産にはならない。科学的に探究しその結果を言語を通した公《おおやけ》のものにしてはじめて、実地に経験したことのない人でも共有が可能な智恵になるのです。また、冷徹に科学的に探究する精神は、偏見をくつがえすには最上の武器でもある。探究の虫と言ってもよかったレオナルド・ダ・ヴィンチを引くまでもなく、あくなき探究心こそがルネサンス精神の基本なのです。いずれも頭脳集団であった中世の大学と都市は、目的はちがっても手段では、意外と同類だったと思う。ローマ法王庁や封建諸侯たちのような、異分子導入によるカルチャーショックを嫌って純粋培養をつづけた組織が危機に陥ったのが、中世末期であり、ルネサンスという精神運動を生む端緒になったのです。ルネサンスとは、それ以前の中世と比べてもそれ以後の近代と比べても、量よりは質の時代であったのが特色。それゆえに、あの時代に最も適した国家の形体が、頭脳集団としてよい都市国家であったのですね。時代の流れに適したものでないと、いかにそのもの自体がよく出来ていても成功は望めないのです」

「ルネサンスがイタリアでまず起った理由は、これら以外にもあるのでしょうか」

「古代のローマ帝国の本国はイタリアであり首都がローマであったという事情から、他の国の人よりもローマ帝国を身近に感じられたという理由も無視できません。現代のヨーロッパを代表する都市のロンドン、パリ、ケルン、ウィーンは、今ではローマと肩を並べるか、それ以上の規模の大都市に発展している。だが、そこにある美術館のローマ関係の展示物の質と量となると、大英博物館ですらローマの一美術館に及ばない。これらの大都市は、ローマ時代は三十八も存在した属州の首都や軍団基地であったにすぎないのに、一方のローマは、「世界の首都《カプトゥ・ムンディ》」とさえ呼ばれた帝国の首都であったからです。ローマ帝国が健在であった時代のパリっ子がローマを訪れて感じたであろう想いは、テキサスのカウボーイがニューヨークを訪れマンハッタンに立ったときの想いと、同じようなものであったにちがいありません。

一千年つづいた中世は、そのローマもイタリアも、長年の風雨による損害に加え、格好の建材の採掘場にされてしまったことで崩れ落ち埋没した。しかし、もともとからして断然他を圧倒する質と量を誇っていたがゆえに、放置されていた歳月が長く、また建材に使えるものならばすべて剝ぎ取られていたにかかわらず、遺ったものの質と量はやはり他を圧していたのです。そしてそれらが、排斥さるべき異教徒の遺物だからと無視されていた長い中世も終わり、異教徒の遺物であろうと学ぶ価値があれば学ぶべきと考えるようになったルネサンス時代に入るや、再び照明が当るようになったのでした」

「ルネサンスの特色の一つは、古代の復興と言われていますよね」

「復興は復興ですが、単なる古代の復元でも模倣でもない。フィレンツェ第一の教会である「花の聖母寺」（サンタ・マリア・デル・フィオーレ）の円蓋をどう建造するかのヒントを建築家のブルネレスキに与えたのは、友人だった彫刻家のドナテッロとともに見てまわった、パンテオンをはじめとす

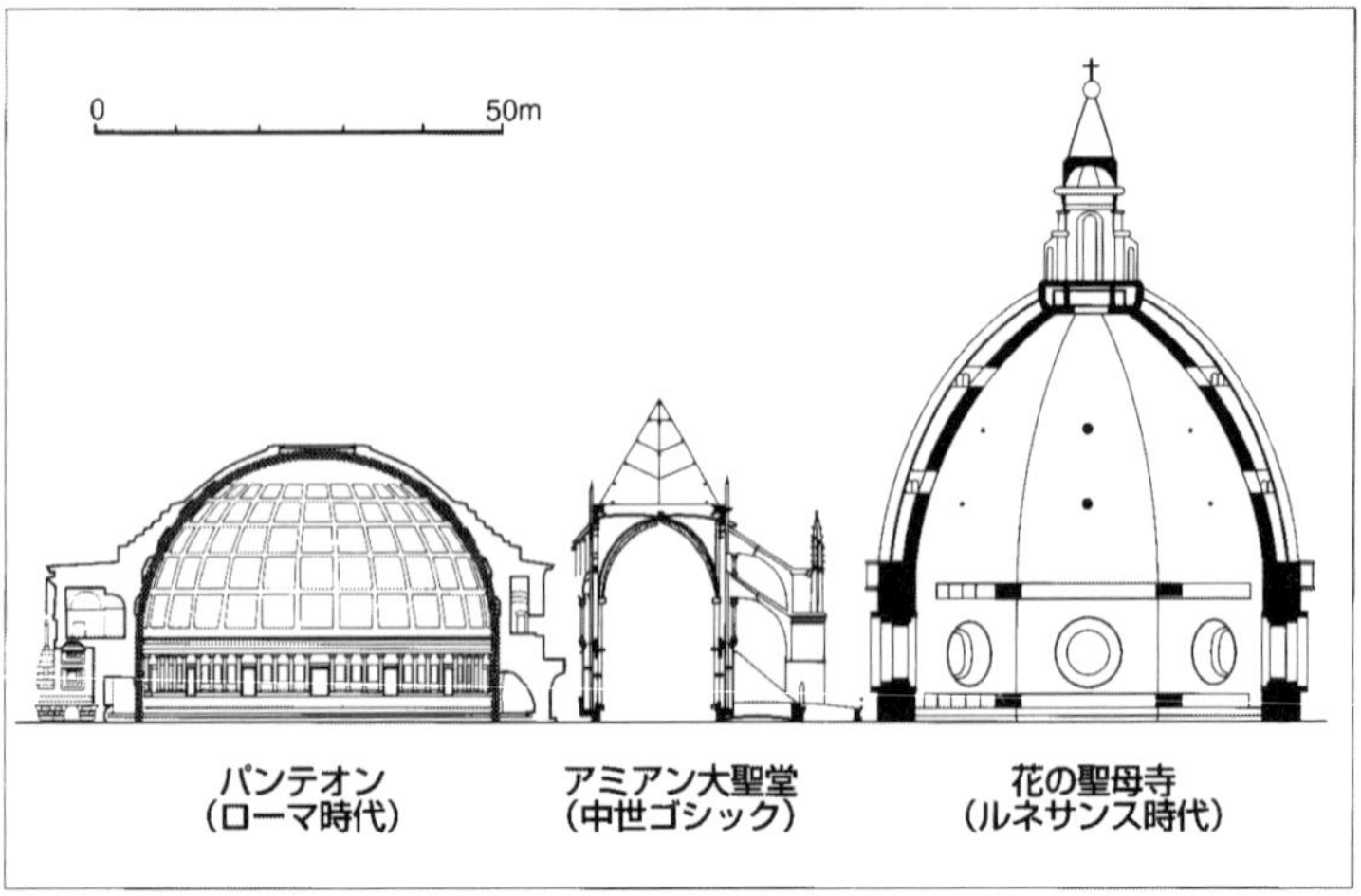

各時代の建築物の比較図（それぞれ上部のみを示した）

るローマ時代の建造物であったとは、当時からすでに有名な話でした。しかし、この二つを比較した図を見ればわかるように、ローマ時代とルネサンス時代のドームは同じではない。パンテオンではドームの頂上部は開いていてそこから外の蒼空が眺められるのに対し、ヨーロッパの教会の円蓋建築の最初になる花の聖母寺では、頂上部は大理石の頂塔《ランテル》で閉じられ、しかもその上には金色に塗られた銅製の円球が載るという構造になっていた。

　これでは、耐重策の上でも耐震策上でも、ドームの構造は変わってこざるをえない。パンテオンのように、上部に行けば行くほどセメントによる屋根を薄くし、かつそのセメントに混ぜられる軽石の数を増やすことで重量を軽減する策は採れません。円屋根の上部の重量が軽減することでかえって、頂塔《ランテル》の重みで円屋根が崩れ落ちてくるのは眼に見えている。それでブルネレスキは、傾斜の度を急にすることと屋根の部分を八本の稜線で補強すること、それに加

皇帝ネロのドムス・アウレアの壁画(復元図)

えて円蓋全体を二重構造にすることで、この難問を解決したのです。キリスト教的な考えでは、頂上部を開け放してそこから空が眺められるという開放的な造りでは、祈りの場である教会の構造としては不適当であったのでしょう。しかし、このように改造したことでブルネレスキは、ローマ建築の特色である秩序と調和を再興しながらもキリスト教の要請にも応えた、ルネサンス様式の建築を創造できたのです。

この事情は、絵画でも同じ。ポンペイが発掘され、はじめてローマ時代の壁画が陽の下に再び姿を現わすようになるのは十九世紀になってからです。だから、十五世紀に生きたルネサンス時代の画家たちはそれを見ていない。彼らが眼にすることができたのは、遺跡でしかなくなったトライアヌス浴場の下に長く埋もれていた、「ドムス・アウレア」の名で有名な皇帝ネロの宮殿の壁画です。現代では色を再現するのも困難なほどにひどく破損していますが、五百年昔のルネサンス時代ならばまだ線も色彩も相当な程度には遺っていたにちがいない。これらを見た画家たちは、古代のローマ時代にすでに遠近法が活用されていたことを知ったのです。

彫刻の分野とて、事情はまったく同じだった。はじめのうちは考古学的興味でも芸術品愛好の趣味でもなく、屋敷《ヴィラ》の建設工事中に偶然に発見された品々を洗って自邸内に置いていたのが人々の眼につくようになり、メディチ家のような新興成金がそれらを購入するのに金を惜しまないことが知れ渡るようになると、庶民までがテヴェレの河床をあさったり古代の競技場跡や街道の附近を掘り起すようになったのでしょう。なにしろ、中世の間中いまわしい邪教の遺物として排斥してきた品々が、大金に化ける時代になったのです。こうなると、屋敷の主も訪れる人に自慢して見せるようになり、メディチ家ほどのコレクターともなると、フィレンツェの聖マルコ寺院の回廊に陳列して、若き芸術家たちに自由に見学させる。一時代前ならばキリスト教徒が見るのにはふさわしくない汚《けが》れた品々だからと排斥の先頭に立っていたローマ法王庁でさえも空気が変わり、購入したにしろ取り上げたにしろ集まる一方の古代の裸体彫刻の間を、僧衣の群れが行き交う光景が普通になってくる。そしてこれらは、美術館の形にはなっていなくても、見たいと欲する人には誰に対しても開放されていたのでした。

固定概念に眼を曇らせてさえいなければ、地中から姿を現わした古代のギリシアやローマの彫像のすばらしさは、それを見た人ならば即座に理解したにちがいない。ルネサンス人による人間の肉体の再発見が、人間の裸体美の再発見になったのは、中世時代の着衣姿の彫像を見慣れた後だからこそで、それはカルチャーショックとしてもよいほどの衝撃であったにちがいありません。中世人の見ていた裸体像は、十字架上で苦悶する痩せたキリストだけであったのだから」

上、「最後の晩餐」(1495—98、レオナルド・ダ・ヴィンチ画。遠近法を示すため補助線を引いた)
下、中世の絵画：信者に囲まれた聖人(13世紀の写本より)

「そうは言われても、ヴェスヴィオ火山の大噴火によって一千七百年以上もの歳月、地中に埋没していたポンペイは別として、放置され半ば埋もれた状態であったにせよ遺跡も遺品も人々の眼にはふれてきたはずです。なにしろ、ローマ帝国崩壊からルネサンスまでは一千年間。これほどもの長い歳月、人々が盲でありつづけたということが納得できません」

「人間とは、見たくないと思っているうちに実際に見えなくなり、考えたくないと思いつづけていると実際に考えなくなるものなのです。その例証としては適当かどうかわかりませんが、一般のドイツ人と強制収容所に送られて死んだユダヤ人を思い起してください。ドイツ人の多くは、強制収容所が存在することは知っていた。昨日まで親しくしていた友人が突然に姿を消したのにも、気づかなかったはずはない。ただ、そういうことは見たくないし考えたくないと思いつづけているうちに、実際に見えなくなり考えなくなってしまったのです。戦争が終ったとき、ドイツ人は一様に言った。われわれは知らなかったのだ、と。これは、知りたくないと思いつづけたからにすぎません。

ユリウス・カエサルの言葉に、次の一文があります。

「人間ならば誰にでも、現実のすべてが見えるわけではない。多くの人は、見たいと欲する現実しか見ていない」

この一句を、人間性の真実を突いてこれにまさる言辞はなし、と言って自作の中で紹介したのは、マキアヴェッリでした。ユリウス・カエサルは古代のローマ人、マキアヴェッリは、それよりは一千五百年後のルネサンス時代のフィレンツェ人。カエサルの言を〝再興〟した中世人は、一人も存在しません。つまり中世の一千年間、カエサルのような考え方は、誰の注意も引かなかったということでしょう。

この一例が示すように、ルネサンス人は、人間の肉体の美を再発見しただけでなく、人間の言語も再発見したのです。ではそれは、どのような経路をたどって可能になったのか。

キリスト教徒の読むものとしては不適当という理由によって、古代のギリシア人やローマ人の著作は、筆写はされても修道院の図書室の片隅に眠る歳月がつづいていたのです。これらの著作が、人文学者たちによって探し出されて陽の目を見るように変わる。キケロの著作を見つけ出したペトラルカは、その一人にすぎません。これらを読んだ人々は、使われている平易な語彙《ごい》と明晰で簡潔で論理的な文章構成に眼を見張る。同じラテン語なのに、聖職者の口から出る複雑でもったいぶった中世風のラテン語と、今新たに発見された古代のラテン語では、同じことの表現のしかた一つでも差異があるのを知ったのです。

言語には、他者への伝達の手段としてだけではなく、言語を使って表現していく過程で自然に生れる、自分自身の思考を明快にするという働きもある。明晰で論理的に話し書けるようになれば、頭脳のほうも明晰に論理的になるのです。つまり、思考と表現は、同一線上にあってしかも相互に働きかける関係にもあるということ。また、流れがこのように変われば、自分の眼で見、自分の頭で考え、自分の言葉で話し書く魅力に目覚めるのも当然の帰結です。神を通して見、神の意に沿って考え、聖書の言葉で話し書いていた中世を思い起せば、ルネサンスとは「人間の発見」であったとするブルクハルトの考察は正しい。しかも、言語が人間のものになれば、人間だからこそ感ずる微妙な感情の表現にも出場の機会が訪れる。そして、思考も感性も言語も聖職者の独占を脱したからには、それをなるべく多くの同胞に行き渡らせたいと願うのも当然です。こうして、ラテン語圏の方言の一つにすぎなかったイタリア語は、民族の言語に成長していったのです。

現代イタリア語の基本は、十四世紀から十六世紀にかけてフィレンツェで書かれた数々の著作によって成ったとされている。ダンテからマキアヴェッリに至るフィレンツェの文人たちによって、イタリア語は言語として完成したのです。その証拠に、彼らの作品には、日本で言う現代語訳のたぐいが存在しない。小学生でも、古風な言いまわしを解説する「注」の助けは借りたにしろ、原文で読まされるのです。フィレンツェの映画館のスクリーンの上の壁画には、詩人でもあったメディチ家の当主ロレンツォが作った詩の一節が原文で刻まれている。明日はどうなるかわからないのだから今を楽しもう、という意味の有名な詩の一句です。楽しむ〝今〟というのが映画であるのが笑わせますが、イタリアでは古文が存在しないという事情は理解いただけるでしょう。一方、日本では、『平家物語』や『太平記』や『徒然草』や『花伝書』を、現代語訳でなしに原文で読める人はどれくらいいるだろうか。それなのに同時期のイタリアでは、言語が、聖職者の独占物ではなく俗界の人々のものになっていたからこそ、後代まで理解可能な国語を形成できたのだと思います。そして、この傾向の確立と拡大に力あったのが、発明されたばかりの活版印刷の技術であったのでした。

ダンテ、ボッカッチョ、マキアヴェッリに、レオナルドやミケランジェロやラファエッロの名を知る人は多いでしょうが、アルド・マヌッツィオの名を知っている人は少ないと思う。だが、この出版人は、ルネサンス文化の創造と普及に偉大な功績をあげた人なのです。この人物に関しては『イタリア遺聞』中の「ある出版人の話」と題した項で記述済みなのでここでは要約に留めますが、現代的に言えば、グーテンベルグの発明の企業化に成功した人、と言えるでしょう。

グーテンベルグが活版印刷の技術を発明したのは一四五五年であるとされるのが正しければ、アルド・マヌッツィオはその六年前に、南イタリアのナポリ近郊に生れました。成長するにつれていだきはじめた夢は人文学者《ウマニスタ》になることであったようで、まずはローマに出てラテン語を学びます。次いで、北イタリアのフェラーラに居を移す。当時のイタリアで最も有名だったギリシア語の学者が、フェラーラの領主エステ家で家庭教師を務めていたからです。三十を過ぎる頃には彼も、小領主でも教養人一家として知られていたピコ家の家庭教師になる。当時では知識人ないし有識者の別名でもあった人文学者（umanista）の二大就職先が、法王や君侯や共和国政府の秘書官か、でなければ有力者たちの子弟の教育係であったからです。とはいえ、家庭教師であっても主君の秘書役まで兼ねる場合も多く、今で言う家庭教師という言葉には収まりきれない存在ではあったのですが。

ミランドラの領主のピコ家とは、メディチ家が主宰して有名になるアカデミア・プラトニカ（英語読みならばプラトン・アカデミー）の一員のピコ・デラ・ミランドラを生んだ家門ですが、蔵書の質と量でも相当なものであったらしい。アルドの仕事には、ピコ家の蔵書の整理や収集もあった。この仕事に従事していた十年の間に、出版業への認識とそれを起業するに際してのノウハウを、三十代のアルドは会得していったのでしょう。

出版業をはじめると決心したアルドは、仕事の場はヴェネツィアと決める。一四九〇年、四十一歳の年でした。なぜ彼はヴェネツィアを選んで、フィレンツェやミラノやローマを選ばなかったのか。まず第一に、ヴェネツィアにはすでに出版業の〝一里塚〟が築かれていたということ。グーテンベルグの発明から二十年後、ヴェネツィアの二人の版型職人によって、イタリアでは最初の印刷本になる、キケロの『書簡集』が出版されていたのです。これを百部印刷するのに四ヵ月かかったが、それでも従来の筆写に比べれば格段に能率的。そして、最初の試みが成されれば次はより容易になる。再版のときには、要した期間は同じでも、部数は六百に増えていたのです。

利点の第二は、ヴェネツィアでは言論の自由が保証されていたことでした。当時の言論の自由とは、キリスト教会による干渉や弾圧から自由でいられるということ。自国の経済がオリエントの異教徒との交易で成り立っていたこの海の都は、他の地方では威力があった法王による「聖務禁止《インテルデット》」や「破門《スコムニカ》」に対してもびくともしなかった。なにしろ、「まずはヴェネツィア人、次いでキリスト教徒」と高言していたのがヴェネツィアの市民で、ローマの法王もこのヴェネツィアに対しては、「他のどこでも自分は法王だが、ヴェネツィアではちがう」と嘆くしかなかったのです。同じ時代にスペインやフランスやドイツで猛威をふるった異端裁判や魔女裁判も、ヴェネツィア共和国では一例も起っていない。ローマ法王庁にプロテストしたとたんに禁書に指定されたルターの著作も、政教分離を説いたがために禁書あつかいになったマキアヴェッリの著作も、ヴェネツィアでならば手に入れることができるとは、当時のフランスからの旅人の手紙にあるとおりです。言論の自由のないところには、出版の自由もない。しかも、言論の自由が保証されるにしても当時のそれは、有力な個人によって保護されるケースが多かった。『コンスタンティヌスの寄進状』が法王庁が秘かに作らせた偽物であると実証したロレンツォ・ヴァッラは、それに怒った一聖職者によって異端裁判に引き出されそうになりますが、その彼を守ったのは、ヴァッラの主君であったナポリ王でした。しかし、いかに有力者でも個人による保護では恒久性は保証されない。言論の自由の保護にこのような限界があった時代、国家として教会の干渉を拒否しつづけたのがヴェネツィア共和国であったのです。ルネサンスも終りになる十六世紀後半には、宗教改革に対抗して起った反動宗教改革の大波がイタリアをも襲う。ローマの法王庁も反動宗教改革派に牛耳られ、その中でもとくに戦闘的であったイエズス会による異端者狩りが猛威をふるうように変わる。このような時代にも幸いにして脱獄に成功できた人に、秘かに助けの手を差しのべた人々は一様に忠告する。ヴェネツィアに逃げなさい、と。言論の自由とは、ただ単に言論を職業にしている者に対してのみ意味をもつものではない。他のあらゆる自由の「母」でもあるのです。

アルドがヴェネツィアを選んだ理由は、この他にも、乱世の時代なのにヴェネツィアだけは国内が安定し繁栄していたので、優秀な職人を集めるのに好都合であったからだ、とか、一四五三年のビザンツ帝国の滅亡を機にヴェネツィアにはギリシアの学者が多く亡命し、この人々の持参した古典の写本を参考にできたからとか利点は数多くあげることはできます。しかし、これらのどれにも増して重要な利点は、言論の自由の保証であったと思う。この一事が、アルド・マヌッツィオを先頭にしてはじまったヴェネツィアの出版業が、短期間のうちにヨーロッパ一の規模になった要因でした。

錨にいるかのマークを印刷したアルド社出版の最初の書物は、一四九四年に刊行された『ギリシア

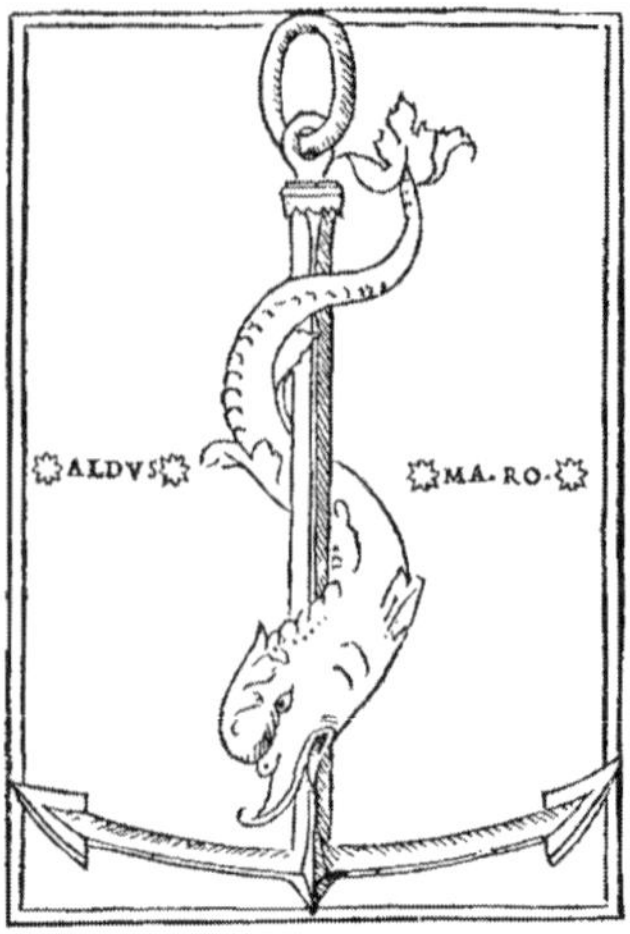

アルド社のマーク

詩集』です。ラテン語の対訳がついているのは、ラテン語ならば学生もふくめた知的エリートに理解でき、しかも当時のヨーロッパでは国際語であったからで、アルド社は販路をヨーロッパ全域と考えていたことがわかります。そして、記念碑的な大事業と当時から評判だった、アリストテレスの全集の出版が完了したのは一四九八年。古代のギリシア文学作品以外にも、アルド社の出版物には、古代ローマの作品からダンテ、ペトラルカ、ボッカッチョ等のイタリア文学、さらにエラスムスの『ラテン格言集』と、当時の現代文学まで網羅されてくる。一四九五年から九七年にかけて、全ヨーロッパでは一千八百二十一点の書物が刊行されましたが、そのうちの四百四十七点までがヴェネツィアで出版されている。第二位のパリでも百八十一点です。ヴェネツィアは、印刷技術の発明国であるドイツをはるか後方に引き離した、一大出版王国になったのでした。

しかし、出版人アルドの成功の要因はこれだけではない。その第一は、今でもイタリックと呼ばれている書体を発明したこと。ゴシック書体と比べれば一目瞭然ですが、装飾性には劣っても格段に読みやすい。しかもイタリックを使うと、一ページにより多くの文字を印刷できるのです。

第二の成功因は、アルドによる〝文庫〟の発明でした。紙を八回折るところから「八つ折《オッターヴォ》」と通称されたこの判型は、後の「タスカービレ」（ポケットに入る本）のはじまりになります。ルネサンス時代の服装ではポケットではなくて、ブラウスとその上に着るチョッキタイプの胴着の間に、はさみこんでいたのですが。

いずれにしろこの文庫判は、大ヒットでした。近くにあるパドヴァ大学の学生にかぎらず、一般の人の間にも広く普及していく。安価であっただけでなく持ち運びが容易であったからで、これによって大判の筆写本の時代は終りを告げます。高価で数の少ない筆写本の時代が終ったということは、知識が聖職者の独占であった時代の終焉も意味した。判断をくだすに必要不可欠な諸々の知識は、教会や修道院の手から離れ、市中に普及していったことになる。人間の再発見でもあるルネサンスは、出版業に言及することなしには語れないのですよ。一五一五年、アルド・マヌッツィオは六十六歳で死にます。教会に運ばれる遺体の周囲を飾ったのは、他の人々のような花ではなく、彼が出版した数多くの書物でした」

「お話を聴いていると、中世と一線を画するルネサンスと呼ばれる一大精神運動は、イタリアのど

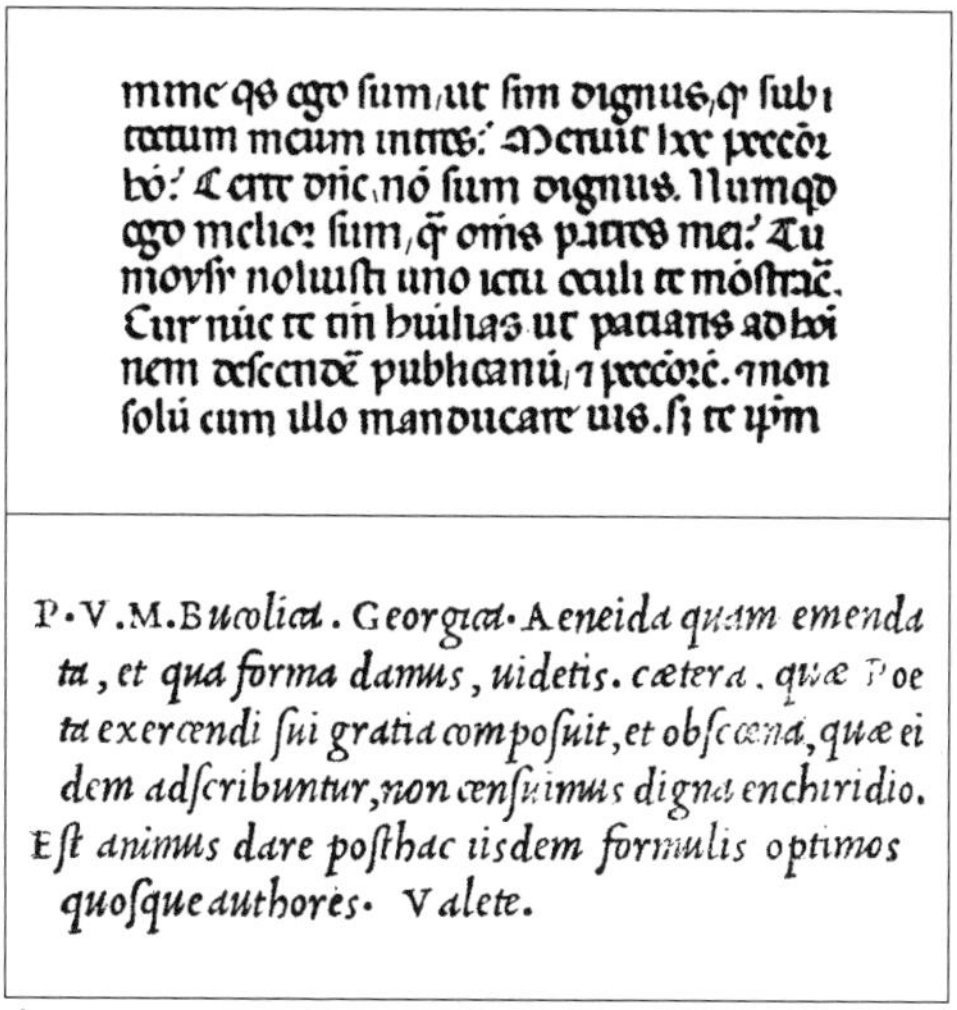
nunc q̄s ego sum, ut sim dignus, q̄ sub i
tectum meum intres? Meruit hec peccatri
x? Certe dñe, nõ sum dignus. Numq̄d
ego melior sum, q̄ omēs patres mei? Tu
moysi noluisti uno ictu oculi te mõstrare.
Cur nũc te tm̃ humilias ut patiaris ad hoi
nem descendere publicanũ, & peccatorē. & non
solũ cum illo manducare uis. si te ipm
P·V.M.Bucolica. Georgica· Aeneida quam emenda
ta, et qua forma damus, uidetis. cætera. quæ Poe
ta exercendi sui gratia composuit, et obscœna, quæ ei
dem adscribuntur, non censuimus digna enchiridio.
Est animus dare posthac iisdem formulis optimos
quosque authores. Valete.
中世のゴシック体（上）とイタリック体

こで起っても不思議ではなかったように思えますが、実際はフィレンツェからはじまっている。なぜですか」

「まずあげねばならないのは、フィレンツェ人の気質でしょう。我が身まで傷つけかねないほどの、強烈な批判精神です。他の都市国家ならば国内抗争が生じても法王派と皇帝派に二分される程度なのに、フィレンツェでは同じ期間に、法王派はさらに白派《ビアンキ》と黒派《ネーリ》に分裂する。政情の安定を考えれば実に不適格な気質とするしかないが、個人主義のるつぼとしてもよいこの性向は、学問芸術の分野ならば最適の土壌になります。パドヴァに招かれて制作した騎馬像の傑作『ガッタメラータ将軍像』によって北イタリア全土に名声を馳せたドナテッロは、ヴェネツィアやミラノから引く手あまたであったにかかわらず、故郷のフィレンツェにもどってきてしまう。なぜあの地に留まって仕事をつづけなかったのかとたずねた友人に、彫刻家は答えます。あの地では、フィレンツェっ子の遠慮会釈のない悪口が聴けないからさ、と。

　あの時代の工房《ボッテーガ》は、現代ではチェントロ・ストーリコ（歴史的都心）と呼ばれているフィレンツェの中心部に集中しており、しかも日本式ならば一階、イタリア式ならば地階《ピアノ・テッラ》の内庭とそれを囲む部屋部屋に置かれていた。また、「ボッテーガ」（Bottega）という言葉には、工房とか仕事場の他に店の意味もあります。店でもあるのだから、購入する気のある人でも単なるひやかしでも誰でも入ってこれるし、それがフィレンツェっ子なのだから遠慮のない批判を浴びせる。芸術家とは傲慢不遜でなければ一流になれない職業なので、制作中というのに浴びせられる批判には、シロウトは黙っていろ、とぐらいは言い返したでしょう。だが、優れた芸術家であればあるほど貪欲でもあるのが特質。

自らの作品に益することならば、悪魔の忠告でも聴き容れる人種でもあるのです。批判者が立ち去った後でならばこっそりと、画筆やノミを取って修正したかもしれません。

また、当時の工房が、美を追求することならば何でも引き受けるというシステムであったのも、フィレンツェ人の気質に合っていたのだと思う。絵画や彫刻にかぎらず、祭りに使われる旗から御婦人方の衣装や宝飾品、机上の置物から大建造物と、図面を引いたりデザインを考えたり金銀や銅を溶解したりと、あらゆる種類の仕事が工房では行われていたのです。その仕事の進め方も、専門ごとに分れていたのではない。見習期間中はとくに、必要となればどこにも手助けに行かされる。絵具の調合をしていたと思ったら、金属を溶く火の前でふいごを手にしているという具合です。だがこれで、レオナルドもミケランジェロも育ったのでした。そして、強烈な批判精神は強烈な好奇心と表裏の関係にある。見習い期間というのに絵だけとか彫刻だけとかをやらされていたのでは、フィレンツェっ子は満足しなかったにちがいない。そして、何でもやれねばならなかった工房という学校で学んだ後に独立し、それ以後は得意な分野で才能の花を咲かせるのが、フィレンツェの芸術家の生涯のコースだった。と言っても独立後でも、絵画、彫刻、都市計画、解剖、機械器具等々に手を広げたレオナルドや、絵画と彫刻と建築の傑作でイタリア中を埋めた観のあるミケランジェロのように、専門別に分けることが不可能な人が出てくる。分類不可能ということで、「万能の人」(uomo universale) と呼ぶしかなかった天才たちです。画家は絵だけに、建築家は建築だけに専念していたヴェネツィア人とは、大きなちがいですね」

「しかし、レオナルドやミケランジェロ水準の大天才は別として、その次にくる創作者ならば、ヴェネツィア方式のほうが効率的ではなかったのですか」

「それは、ヴェネツィアでは、効率性を重視したから専門化したのではなく、ヴェネツィア派の絵画の台頭が、フィレンツェ派の成功の後を追って成されたという事情によると思います。専門化とは、相当な成果があがった後ではじめて効果を発揮できるシステムだから。反対にスタート期には、分化されていない渾然一体のほうが新しいことの創造には適している。新しい考えとは必ず、既成のわくからはみ出たところから生れるものだからです。批判精神の強いフィレンツェ人だけに、既成のわくを取り払ってしまうことへの抵抗感も、他のどの地方のイタリア人よりも薄かったのでしょう。


ルネサンスがなぜフィレンツェで生れたのか、の質問への答えの第二は、フィレンツェ経済の繁栄にあったとするしかありません。今日の食を心配しているようでは、人間は学問芸術に関心をもつ余裕はない。要するにフィレンツェは金持になったのであって、それに比例して学芸面での〝内需〟も増えたのです。創作者も俳優や音楽家と同じで、拍手喝采を浴びることで育つ。それに内需の増大は、金銭面での向上とともに社会での地位の向上も恵んでくれる。経済的にも名声でも〝稼げる職業〟になれば、親も進んで息子を工房に弟子入りさせるようになる。つまり、優秀な素質の持主が、より多く集まるようになったということです。ギリシアのアテネでも、経済の興隆が文化の興隆に先行した。イタリアのフィレンツェも、同じ経路をたどったのです」

「メディチ家ですか」

「いいえ、メディチ家の繁栄は十五世紀になってから。それなのにフィレンツェのルネサンスは、明らかに十四世紀からはじまっている。メディチ家台頭のずっと以前から、フィレンツェの経済力は強大化していたのです。

フィレンツェ経済の二大支柱は何かと問われれば、金融業と織物業と答えるしかありませんが、経済も学芸同様に明快な分類は不可能なのが、フィレンツェ経済の特色なのです。まずバルディ、次いでペルッツィというフィレンツェの二有力家系が手を広げていた分野は、金融業、手工業、通商と広く、これではもはや財閥とするしかない。クライアントもヨーロッパ全土におよび、イギリス、フランス、ナポリの各王家に法王庁が最大顧客であったのです。バルディ家の融資がなければイギリス王もフランス王も戦争ができなかったくらいで、融資への担保は王領の関税。これでも破産は免れなかったのだから、王様への融資はハイリスク・ハイリターンであったのでしょう。しかし、これら当時のエコノミック・アニマルこそが聖フランチェスコの支持者であり、ルネサンス絵画のファースト・ランナーであるジョットーに、活躍の機会を与えることになる。フィレンツェのサンタ・クローチェ教会内にあるバルディ家の礼拝堂は、聖フランチェスコの生涯を描いたジョットーの傑作で埋まっています。もしかしたら、フィレンツェが経済大国であった時代は十四世紀で、十五世紀になると政治の成熟を迎える、としてよいかもしれません」

「ならば、メディチ家は、経済興隆期の経済人ではなくて、政治成熟期の経済人なのでしょうか」

「自然発生的な経済の興隆も、政治的な配慮による調整がなされないと長命は望めないとわかったということでは、政治感覚に優れた経済人であったと言えますね。これまでのようにイタリア内の列強が争っている時代ではないと、勢力均衡政策の実現に努めたのは、メディチ家の当主のコシモでした。

とはいえ、精神運動とは、それがルネサンスであれ何であれ、世の中が激しく動いている時代に生れるものです。政治の成熟とは、これとは反対に、世の中が落ちつくことを目的にしそれを実現することにある。だからこそ、芽も育ち花も咲く。フィレンツェに例をとれば、激動の時期は十三世紀後半から十四世紀前半、それが落ちつきはじめるのが十四世紀後半からで、十五世紀半ばからの半世紀は確実に、政治の成熟による社会の安定を満喫した時期、としてよいかと思います。ローマは一日にして成らず、ですが、ルネサンスも、一日にして成らずなんですよ」

「となると、一三〇〇年前後はまだ激動の時期だったのですね。この時期に生きたルネサンス人として、あなたは、ヴェネツィア人のマルコ・ポーロを除けば、チマブエ、アーノルフォ・ディ・カンビオ、ダンテ、ジョットー、ペトラルカ、ボッカッチョと、いずれもフィレンツェ人の名をあげています。画家のチマブエは、ジョットーの才能の発見者であったということだけでも、ここにあげられる理由はわかる。ダンテ、ペトラルカ、ボッカッチョは、イタリア文学史のみならず西欧文学史に名を連ねる文人だから、これもわかる。しかし、アーノルフォ・ディ・カンビオという彫刻家兼建築家だけは、この人がなぜルネサンス人に列せられるのかわかりません。あの時代の教会建築には欠かせなかった、石工職人の一人ではなかったのですか」

「中世時代の建築とは、イコール教会建築としてもよいくらい。人々の実際生活に必要な〝インフラ〟は、さしたる修復もせずにローマ人が遺したものを使っていたのです。それで教会建築ですが、この目的は神の家をつくることにある。つくる当人は、それによって神に奉仕するわけだから、自らの名を記したりしては不遜ということになる。中世時代の職人も芸術家も名を知られていないのは、創作行為自体が信仰であったからです。

しかし、良いことばかりという感じの信仰も、神への奉仕ゆえに無記名、無記名ゆえに責任も制作当事者には帰さない、という一面をもつ。経済力に自信をつけてきたフィレンツェ人が、全力を投入して制作した以上はその結果の責任は自分がもつ、と考えるようになるのも当然ではないでしょうか。とくに建築の分野が、神と人間の出会いの場をつくることに加えて、人間と人間の出会いの場もつくる方向に広がってきた時代です。アーノルフォ・ディ・カンビオは、この二つの時代の狭間に生きた人なのですよ。それゆえに、彼の名が遺っている場合もあれば、遺っていないものもある。そしてこの人は、単なる建築家ではなかった。ルネサンスの彫刻家建築家の列伝を書いたジョルジョ・ヴァザーリも言うように、「後につづく人々に完成に向って進む道を指し示した」人でもあるのです。それは彼が、フィレンツェの人々に、彼らが住まう箱を与えたからで、言い換えれば、都市計画者でもあったのですね。

都市としてのフィレンツェの生みの親は、他でもないユリウス・カエサル。それ以前にスッラが配下の兵士たちを入植させたのですが定着できず、しかも紀元前六三年のカティリーナの乱に参加してほとんどが死んでしまったので、その四年後に執政官に就任したカエサルが、入植者への土地貸与の法律を整備するなどして都市化したのです。というわけで、フィレンツェの誕生は紀元前五九年。測量の結果適地となった地域の中央で神々の助力を願う犠牲式が行われたのが、ローマ時代では春の盛りに祝われた「花の祝典」（ludi florales）の祭日。これが、フィレンツェ（Firenze）の古名であるフロレンティア（Florentia）の由来です。フィレンツェを花の都と呼ぶのにも、歴史的な理由があるんですね。

社会資本の整備では他民族の追随を許さなかったローマ人のつくった都市だけに、フィレンツェも完璧なローマスタイルの都市として建設される。アルノ河に沿った四角形で、四つの門からの道が中央部で交叉し、街道による市外との連絡から上下水道、アルノ河の対岸と結ぶ橋、公衆浴場、中央広場であるフォールム、半円形劇場に円形競技場と、ローマ人が都市に必要と考えたインフラのすべてが整っていた。二千年後の現代でもなお、ローマ時代の都市の形は完全に読みとれます。かつてのフォールムは、今では共和国広場《ピアッツァ・レプブリカ》と名を変えてはいても。

しかし、アーノルフォ・ディ・カンビオが眼にしていたフィレンツェは、カエサルや、その後でフィレンツェをさらに美しく変え、しかも拡大したハドリアヌス帝の時代からは一千年以上が過ぎていたフィレンツェです。崩れ落ちたローマ時代の都市の上に、有力者たちが各々勝手に建てた塔が乱立する、中世そのものと言った感じの都市だった。それを、フィレンツェの「カーポ・マエストロ」（強いて訳せば工人頭《こうじんがしら》）の地位にあったアーノルフォが、都市としての秩序を回復していくのです。フォールムは、市場に活用することで空間を保存し、ローマ時代の四角形の一角には「花の聖母寺」（Santa Maria del Fiore）を建てると決め、その反対側の一角には、そのすぐ外側にあった半円形劇場の遺跡をおおう形で、パラッツォ・ヴェッキオと呼ばれることになる政庁舎を建てる。おそらく、橋脚も崩れ果てていたにちがいないローマ時代の橋の近くには、中世の間は木製の橋はかかっていたに

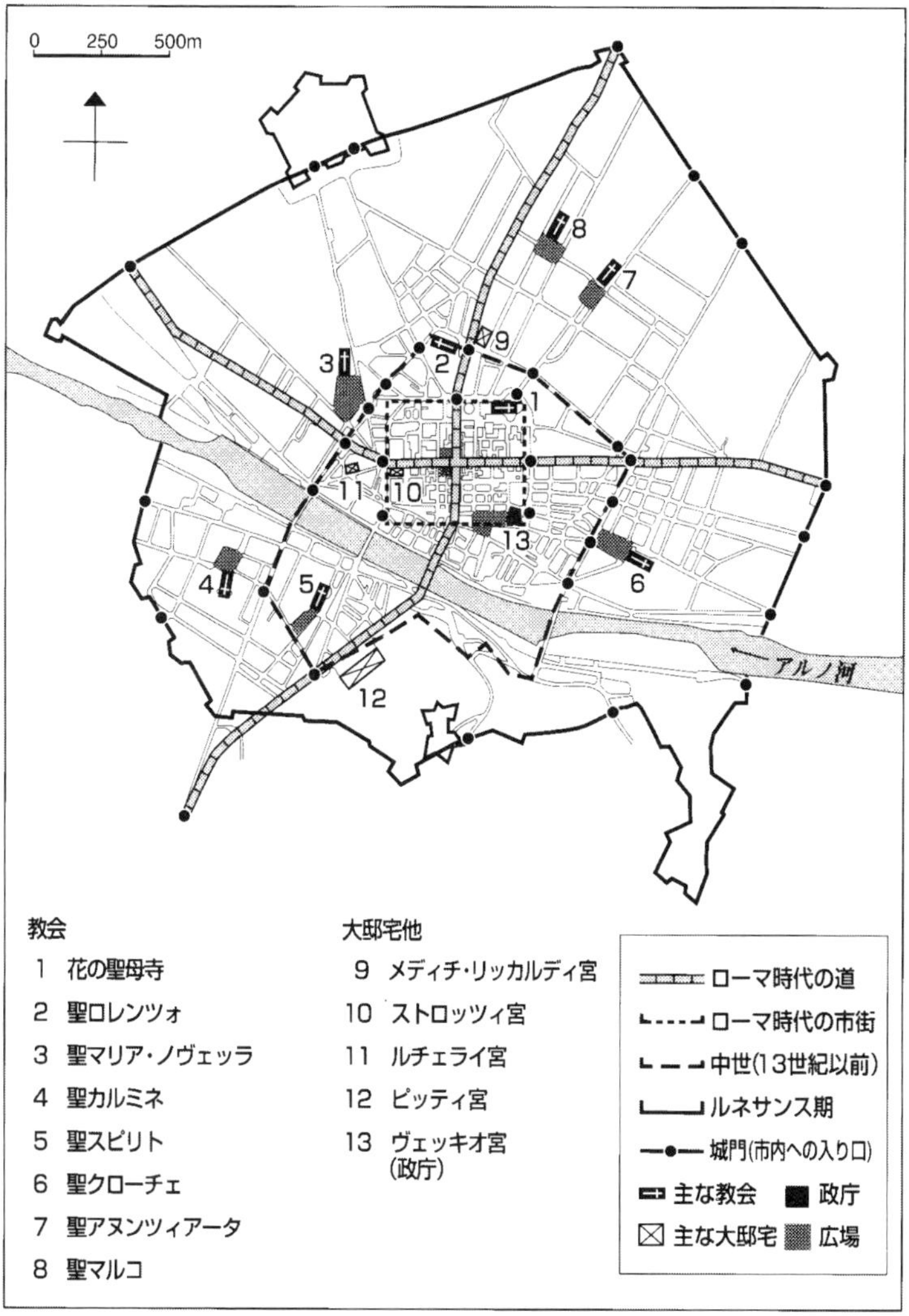

0 250 500m
1
2
3
4
5
6
7
8
9
10
11
12
13
アルノ河
教会
1 花の聖母寺
2 聖ロレンツォ
3 聖マリア・ノヴェッラ
4 聖カルミネ
5 聖スピリト
6 聖クローチェ
7 聖アヌンツィアータ
8 聖マルコ
大邸宅他
9 メディチ・リッカルディ宮
10 ストロッツィ宮
11 ルチェライ宮
12 ピッティ宮
13 ヴェッキオ宮
(政庁)
ローマ時代の道
ローマ時代の市街
中世(13世紀以前)
ルネサンス期
城門(市内への入り口)
主な教会
政庁
主な大邸宅
広場

ローマ時代からルネサンス期までのフィレンツェ市街図

せよ、それをローマ時代のもののように石造にすることを考えただけでなく、さらに上流にもう一本の橋を渡す。ポンテ・ヴェッキオとポンテ・デラ・グラツィアです。ローマ時代のフィレンツェからは少しにしろ外になる地にサンタ・クローチェ教会を建てた彼のことだから、より拡大されたフィレンツェの将来の姿さえも見透していたにちがいありません。教会であろうと政庁舎や広場や橋のような俗界のインフラであろうと、地域の活性化ということならば同じ働きをするのです。そして、一四〇〇年代に入れば、フィレンツェの活性化の主役はルチェライ、ピッティ、メディチ、ストロッツィのような有力市民が競って建てる、斬新で美しい大邸宅《パラッツォ》に代わる。しかし、フィレンツェを、他のどのルネサンス時代の都市と比べても美しく活気にあふれ、しかも秩序をもった都市にした最初の人は、職工の親方にすぎなかったアーノルフォ・ディ・カンビオなのですよ。

この同じ時期に、力強く歩みはじめた自国フィレンツェを誇り高く叙述した『年代記《クロニカ》』を、自らも市政に深く関与したジョヴァンニ・ヴィラーニが書きはじめます。そしてダンテも、『神曲』(La divina commedia) を書きはじめる。一三〇〇年を境にした時期は、混乱と動揺に満ちていたかもしれない。だがそれゆえになお、新しい時代の息吹きはあらゆる分野に現われはじめていたのですね。

古代ローマの年代記作家たちが彼らの日常語で書いたのを踏襲して、自分も自分たちの日常語であるイタリア語で書くと明言したジョヴァンニ・ヴィラーニ。同じく、聖職者の使うラテン語を嫌ってイタリア語で書くほうを選んだダンテ。彼らの気概は、この人々の面がまえに現われていたのではないかとさえ思ってしまいます。

ヴィラーニの客観的で冷徹な叙述は、当時の知識人の文章力を示して見事です。しかし、ダンテの

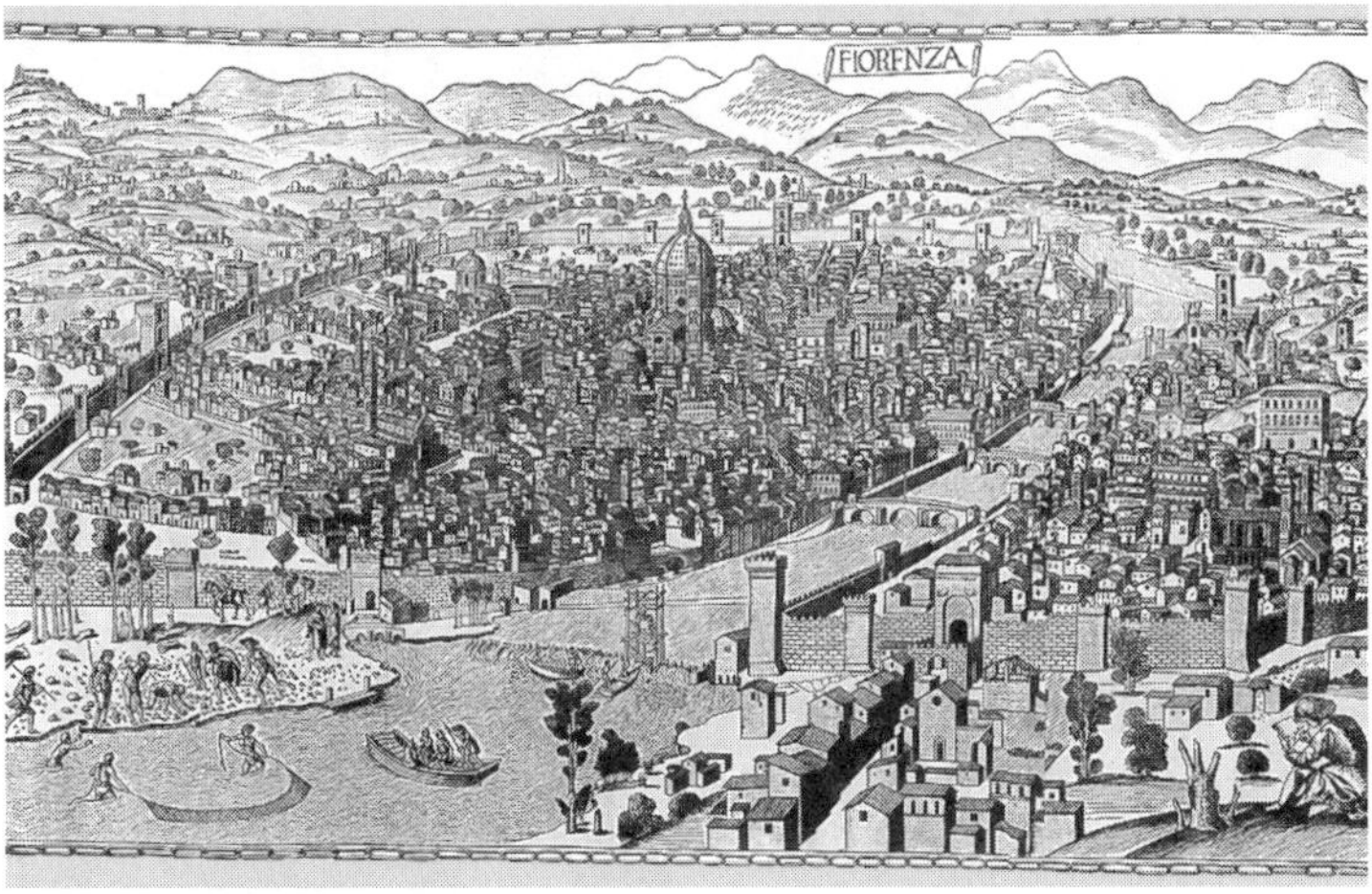

ルネサンス時代のフィレンツェ

現代のフィレンツェ

ダンテ

『神曲』になると、言語による表現の可能性の深さを示して比類ない。地獄篇中の一エピソードですが、そこでダンテは、淫蕩の罪で地獄に堕とされているパオロとフランチェスカに出会う。恋をしてはならない仲であった二人なのに、二人だけで部屋にいたあるとき、パオロがアーサー王の物語を読み、フランチェスカはそれに耳を傾けることになってしまうのです。アーサー王の妃のジネーブラと円卓の騎士の一人だったランスロットの恋の物語は、それを読み聴く二人に自分たちの胸の底に隠れていた恋情を気づかせてしまう。二人は、ふるえながら唇を交わす。ここまでダンテに物語ったパオロは、最後に言います。「あの日わたしたちは、そのつづきをもう読まなかった」。ただの一行なのに、その後の二人の不幸を想わせて胸にしみ入る一行ではありませんか。俗語と軽蔑されていたイタリア語も、ここまでの高さに達していたのです。後代のイタリアの国語が、七百年昔のこの時代のフィレンツェ人によって成ったとされるのも当然と思えるくらいに」

「上昇一方であったこのフィレンツェも、一三四八年のペストの大流行で手ひどい打撃を受けますね」

「人口が三分の二に減ったと言われているから、それこそ地獄であったでしょう。ジョヴァンニ・ヴィラーニも、そのときに死んでいます」

「イタリアの他の都市ではどうだったのですか」

「大同小異というところでしょう。ただし疫病は、人口が集中する大都市ほど被害が大きくなる。当時のイタリアで最も人口が多かったのは、ローマでもなくナポリでもなく、フィレンツェとヴェネツィアでした。

ヴェネツィア共和国では、ペストの伝染経路が東方からであるとわかった段階で、波打ちぎわでの防疫システムを確立します。東方からの船は、船籍がヴェネツィアであろうとアラブであろうと関係なく潟《ラグーナ》の中に数多くある島に停泊させ、ペスト菌の潜伏期間とされている四十日を過ぎた後でないと、ヴェネツィア内に入港させないと決めたのです。現代でも空港に着いた人は、「Quarantine」を通過しなければならない。検疫と訳されているこの英語は、「四十日間」の意味であるヴェネツィア方言の「Quarantin」からきているのです。検疫も、複式簿記や外交官の常駐制度と同様に、ヴェネツィア共和国からはじまったということですね。とは言ってもヴェネツィアでのペスト大流行は、フィレンツェのように、ボッカッチョという現場証人の書いた『デカメロン』という証言が遺っていないので、実相はよくわからないのです。ただしヴェネツィアでは公的機関は機能していたので、ペストの猛威はやはり、フィレンツェのほうがすさまじかったのかもしれません。ボッカッチョも、『デカメロン』の冒頭を、ペストの猛威の描写からはじめています。その〝証言〟を要約しないで紹介したいのですが、それだけで十二ページを越えてしまうので、引用としてはあまりにも長い。それで、イタリア文学に生涯を捧げている専門家による上出来の日本語訳を紹介しておきます。河島英昭教授訳の『デカメロン』で、講談社の文芸文庫から刊行されているので、ペストの猛威をくわしく知りたい人は、買って読んでください」

「それはおそらく、文字どおりの地獄だったでしょうね。だからこそ『デカメロン』という文学作品は、絶望のあまりに刹那的になって享楽しか考えなくなった男三人と女七人のグループが、都市を捨て田園のヴィラにこもらざるをえなくなった期間を、互いに物語を披露し合うことで過ごすという構成になっているのですね」

「そう。デカメロンとは十日の物語の意味で、ギリシア語の「10」をあらわすdekaと「日」をあらわすhemeraの合成語です。それに、地獄を見た人ならば誰でも、当初のうちは絶望し、自暴自棄にもなるでしょう。しかし、ボッカッチョの筆致は、ペストの猛威の描写でもリアリズムに徹していますが、ペストを避けて田園のヴィラに逃げている人々の間で交わされる物語を書くときになっても、彼の筆致は変わっていない。中でも聖職者の嘘と偽りを暴露する物語では、人間の本質に向けられるボッカッチョの洞察力の鋭さと深さは、現実から逃避した人のものではまったくありません。彼もまた、あの地獄の中で、地獄を冷徹に見すえていた一人なのですよ。

フィレンツェの市自体も、ただただ手をこまねいてペストの猛威に屈していたのではない。勢いが一応は収まった後にしろ、衛生状態を改善する努力ははじめるし、大小ふくめて三十五ヵ所にもなる病院や治療所を、市内の要所に設置します。一三四八年の春にはじまったペストの流行がアルプスを越えて北ヨーロッパに広まる頃には、フィレンツェでは完全に鎮静化していたといわれる。と言っても、一年後ではありましたが」

「わずか一年の間に人口が三分の二に減ったほどの惨状を体験させられたフィレンツェ人は、これは神が下した罰にちがいないと反省し、離れはじめていたキリスト教的な価値観に再びもどったのでしょうか」

「それが意外と後もどりしていないんですね。短期間に未曾有の惨事に見舞われたためにその後始末に没頭せざるをえなくなり、神罰などと嘆いている余裕はなかったのかもしれません。また、ペストは聖職者も俗界の人間も区別なく死に追いやったのです。それに黒死病の大流行は、大惨事ではあっても人災ではなかった。当時では天災としてよく、反省も、防疫体制の確立のような具体策に向い、自分たちの生き方の反省まではする必要がなかったのです。もしもこのときのペスト大流行がヨーロッパの別の国で起っていたとしたら、現世肯定のルネサンス的な流れに対する、キリスト教会側の反撃は成功していたかもしれません。しかしイタリアには、それも、古代のローマの栄光を受け継ぐのは今のローマではなくフィレンツェだと確信していた十四世紀半ばのフィレンツェ人には、神罰主義が忍び込むスキはなかったように思います。

そして、人口の激減とは、やむをえずにしろ人々の関心を効率性に向けざるをえなくする。それ以前は都市に流れこんでくる人の量を頼りに上昇していたフィレンツェ経済も、ペスト以後は、質を重視し個々の生産性の向上を期すやり方に変わってくる。ヴェネツィアでもまったく同じです。一三四八年から四九年にかけてのペストの大流行は、経済大国になりつつあったイタリアの都市国家に、経済構造の再構築《リストラ》を強いたのではないかと思うくらいです。とは言っても、ヴェネツィア共和国ならばゆっくりと、しかし着実に進行していく社会改革も、病苦に耐えかねて寝台の上で始終身体の向きを変える病人のようだと、ダンテに言われたフィレンツェではちがう。再構築も、七転八倒という感じで進みます。一三七八年には、「チョンピの乱」の名で有名な、富の格差の拡大に不満を爆発させた職工たちの暴力ストライキまで起る。はじめは資本家対労働者、次いでは資本家対資本家の感じで進んだフィレンツェ共和国に、ライヴァルのヴェネツィアのような国内の融和が成り立つのは、実にペスト大流行から百年が過ぎようとする一四三四年になってからなのです。それでも、有力家系間での追放されたり追放したりがくり返されていた時代にも、ルネサンス精神は進みつづけていたのだから、激動の時代と新しい価値観の創造とは、共生可能ということかもしれません。

一三〇〇年代後半から一四〇〇年代前半にかけて活躍する建築家ないし彫刻家はブルネレスキ、ギベルティ、ドナテッロですが、この時代はペトラルカからはじまった古典研究が頂点に達する時期でもあるのです。

まず、ダンテ、ペトラルカ、ボッカッチョと並び称された一人のペトラルカですが、三人の中では唯一の桂冠詩人の栄光に輝いたこの人は抒情詩人。だが、彼の真髄は、詩作よりも古典研究にあります。古代ローマ屈指の文筆家キケロの著作を、修道院の図書室から見つけだしたのは彼。これが、ルネサンス人による古代復興の一里塚になる。このペトラルカの後につづいたのが、レオナルド・ブルーニ、ポッジョ・ブラッチョリーニをはじめとするフィレンツェの人文主義者《ウマニスタ》たちでした。面白いのは、これら古典研究者たちのほとんどが、フィレンツェ共和国の政庁に勤めていた官僚であったことです。学問の世界の住人ではなく、実務の世界の住人であったということ。フィレンツェにおけるこの伝統は後々まで残り、マキアヴェッリも、その友人で長大な『イタリア史』を書くグイッチャルディーニも、官僚出身の歴史家であり思想家でした。これは、文筆作品を遺した人のほとんどが公職経験者であった古代ローマとまったく同じです。知識が、観念の世界である聖職者階級の独占物であった中世が、完全に過去のものになったということですね」

「内部分裂が絶えなかったフィレンツェにようやく国内統一が成る一四三四年とは、メディチ家のコシモによって僭主政が確立した年ですね。僭主政とは実質上の専制君主政だから、自由が保証されてこそ可能な学芸の分野の活動には、阻害要因にはならなかったのですか」

「政治の安定は、反対派を吸収することで国内統一を期す古代のローマやルネサンス時代のヴェネツィア方式か、二派に分れて主導権を争った結果、勝った側が敗者を排除して国内を統一するという古代のアテネやフィレンツェ方式かのいずれかしかありません。二大政党が選挙の結果入れ代わる方式は、二十世紀に入ってから達成されたもので、しかも現代でもなお、数ヵ国でしか機能していない。

　アテネの政治の安定に成功しただけでなく、それによる文化の最盛期をもたらしたのはペリクレスですが、このペリクレス下のアテネについて歴史家のツキディデスは書いている。外観は民主政だが、実際はただ一人の統治であった、と。形式上は共和政でも実際は僭主政を布いたメディチ家に対して、グイッチャルディーニは次のように書く。メディチは専制君主《ティランノ》だった。しかし、好ましい《ピアチェーヴォレ》専制君主ではあった、と。英明な一人にリードされると、なぜか自由と秩序という二律背反も、手を結び合えるものなんですね。

　このメディチ家による僭主政が機能していた六十年の間に、つまり十五世紀後半に、フィレンツェのルネサンスは最盛期を迎えるのです。まったく、その間に活躍した芸術家たちの名をいちいち記すのも、嫌になってくるくらいに輩出《はいしゅつ》する。口絵の表を見ていただければわかるように、一世紀に一人生まれれば満足という天才が、丘に立てば一望できる程度の狭い市内で競い合っていたのです。次から次へと夜空に打ちあげられる華麗な花火の競演が、六十年つづいたようなもの。金融業や織物業ではヨーロッパ屈指のパワーを獲得していたフィレンツェ共和国も、メディチによる政治の成熟を経て、政治大国になり文化大国になっていく。こうなればもう大丈夫。才能があると自負している人材は、招かれなくてもフィレンツェを目指す。創作欲に燃えている人ならば、優れた他者からの刺激を受け彼らと競い合うことが、何にもまして自らの創作行為に益することを知っているからです」

「そのようなフィレンツェにした人が、メディチ家の当主コシモというわけですね」

「ちょっと待ってください。人間とは、ゼロからまったくの新しいものを創り出すことは、なかなかできない存在でもあるのですよ。ただし、既存のものの中でも無用なものは捨て必要なものはさらに活かすという再構築ならば、できる人材は少なくない。コシモは、フィレンツェ共和国の再構築をした人なのです。

　この人の生涯と業績は、この人の孫になるロレンツォの生涯と業績同様に、その全分野に光を当てるとなれば一冊の書物になってしまう。だからここでは、要所のみに照明を当てるに留めます。

一三八九年にフィレンツェに生れたコシモは、一からメディチ財閥を興した人ではない。ただし、画家のジョットーの故郷でもあるムジェッロの田舎から百年ほど前にフィレンツェに出てきて商いをはじめたのが起源という、メディチ家の経済規模を大幅に拡大したということならば創業者としてもよい人物です。経済大国になっていたフィレンツェにはすでに、全ヨーロッパに知られた有力な商人たちが目白押しの状態であったのですが、メディチ家は筆頭格でも、それは後発組の筆頭にすぎなかった。事実、大資本家の利益を守ることで団結している有力商人グループに対し、メディチ家は台頭途上ですでに、民衆派に属す資本家と見られていました。とはいえ、民衆派の中核であった労働者階級に同情していたから、ではまったくない。この経済人は、時代を読む才能でも卓越していたのです。

コシモ・デ・メディチ

青少年時代を、良い意味でも悪い意味でもフィレンツェ共和国の激動の時代に過ごしたこの人は、高名な家庭教師による教育を受けたわけでもなく、当時の有名な大学で学んだわけでもなかった。それでも自家の仕事の関係で、ヨーロッパの各地を広く旅している。商いという、現実を直視しなければ失敗するしかないという性質をもつ仕事。商談しながらの旅という、現実の認識には絶好の機会に恵まれたこと。そして、衆に秀でた彼自身の才能。この三つがコシモを、時代を読める経済人に育てたのでしょう。

経済の本質は利潤の追求にあるのだから、興隆は自発的であり競合的でなければ達成されません。しかしそれが行きすぎると、われとわが身の破滅になる危険を内包する。その行きすぎを是正するのが、政治です。政治とは、行きすぎを是正することで経済の繁栄を長つづきさせる人智、と言い換えてもよい。それには、政治の成熟による政局の安定が必須条件になる。これをイタリア内で唯一実現していたヴェネツィア共和国に、コシモは、有力商人グループとの抗争によって祖国から追放されていた時期に滞在していたのです。

一四三四年、四十五歳のコシモは、追放先から帰還する。祖国に帰れたということは、彼を追放した勢力が後退したということ。これを機に、メディチによる僭主政がはじまる。しかしコシモは、このような場合ではしばしば見られる復讐行為には訴えなかった。彼に反対する派の主要人物の幾人かは国外追放に処しますが、旧体制派は草の根に至るまで壊滅しつくすということはやっていない。この彼のやり方は、それまでのフィレンツェを思えば特筆に値する。なにしろ、ダンテは追放、ペトラルカは追放者の息子、というのがそれまでのフィレンツェ共和国の常態であったのですから。

そして、フィレンツェの国政の担当者の人選も、広く各階層に開放する。属す階級別ではなく、能力主義による登用策をとった。しかも、彼自身が高額所得者であったにかかわらず、おそらくヨーロッパでもはじめての、累進課税制度まで考え出すのです。公正な税制こそが善政の根幹であることを認識してくれる歴史研究者が少ない現状では、この面の研究が進んでいないためにくわしいことはわかっていないのですが、それでも収入に課されるこの直接税の税率は、四パーセントから三三・五パーセントの間の段階別であったようです。もちろん、累進課税制度を考え実行に移した彼の頭の中には、これによって有力経済人グループに打撃を与える意図はあったでしょう。だが同時に、国民の八割が中産階級というヴェネツィア共和国が頭の中にあったにちがいない。当時ではヴェネツィアくらい、国内の抗争の回避に成功していた国はなかったのです。なぜそれがヴェネツィアでは容易で、フィレンツェでは難事であったのか。

フィレンツェ人の商売相手は、メディチ銀行の支店網がどこを網羅していたかを見れば一目瞭然のように、陸伝いに行ける北ヨーロッパになる。陸伝いに行けるのですから、健脚の持主で到着地での商談も巧みな人がより多く稼げるのも当然。職工たちが待遇改善を求めてストを起せば、ストに訴えるなど考えもしない職工たちの住む地域に工場を移すことも簡単。このフィレンツェでは、資本家と労働者の利害は一致していなかったし、また、資本家同士の利害も一致していなかった。

一方、ヴェネツィア人の「足」は船です。とくに、帆船が主力であったジェノヴァとちがって、ヴェネツィアの船は帆と櫂《オール》の双方を使うガレー船。櫂は当時のモーターで、風のないときや港への出入りに役立った。不確定要素である風にのみ頼ることを嫌った、確実好きのヴェネツィア人らしい選択です。しかし、櫂の働きを重視するということは、最下級船員である漕ぎ手を重視するということでもある。しかも海上で嵐にでも遭おうものなら、船長の適切な判断力とともに、漕ぎ手に至るまでの全員の協力が充分でないと沈没してしまう。このヴェネツィア人に、運命共同体意識がしみ通っていたのも当然でしょう。

また、政府も、この意識の確立に努めます。自前の船をもつ資力のない者でも海外貿易に参加できるようにと、「足」の主力であるガレー船はすべて国有。船長から漕ぎ手に至るまでの船員全員も、給料以外に一定の荷を積む権利が認められており、それを到着地で売りさばいて得た利益はその人のものと決まっていた。さらに、コレガンツァと呼ばれていた一種の株式制度まであったので、直接には交易に参加しない人でも、春に出港した船が秋になって無事に帰港するのは他人事ではなかったのです。そのうえヴェネツィア共和国は、運命共同体の網を、自国内だけではなく、自国の経済の繁栄に影響あると見れば他国にも広げる。船の修理所や情報を得る場でもある在外公館や商人に商談の場を提供する商館を置く代わりに、経済援助を惜しまないだけでなく、その地の男たちを船乗りに雇うことで生活も保証する。ヴェネツィア船の漕ぎ手といえば、アドリア海の東岸に連なる旧ユーゴスラビアの人々で占められていたのです。ヴェネツィアの主港でさえ、この人々の労に報いるつもりか、「リヴァ・デリ・スキアヴォーニ」（スラブ人の船着場）と呼ばれていた。

このヴェネツィア共和国の政治をにぎっていたのは、フィレンツェではコシモが敵対した有力商人たちであったのです。しかし、漕ぎ手さえも運命共同体の一員と認識していた、大資本家たちではあったのでした。

フィレンツェ人の気質でもある個人主義は、学問や芸術では不可欠の要素です。だが、社会の安定は、個人主義の放任では成し遂げられない。コシモは、ヴェネツィア的な要素を導入することで、フィレンツェの良い面は残し悪い面は是正しようと努めたのではないでしょうか。ただしフィレンツェでは、ヴェネツィアでは必要なかった専制をやることは必要だったのですが。とはいえこのやり方で、孫の代までの六十年つづいたのだから、成功というしかありませんね。なぜ成功したかというと、コシモは、累進課税に熱心であっただけでなく、税を払う人々の経済力の向上にも熱心であったからです。

コシモのとった経済振興策の一つは、農業の振興。都市と農村の経済力の格差の縮小が目的ですが、都市と農村の健全な共存が最大の目的。その証拠にこの人は、中世時代には顧みられなかったインフラの整備に努めます。その一つが、アルノ河の航行。古代ローマ以来再び、アルノ河は荷を積んだ船が行き来できるようになったのでした。

経営者としての才能も充分だったコシモによって、メディチ家の財力は増加の一方。だが同時に、フィレンツェ共和国全体の経済力も増強されていったのですよ。メディチ家の男たちは、フィレンツェあってのメディチと思い、フィレンツェの人々は、メディチあってのフィレンツェと思うようになったのだから、コシモの狙いは的を射たとするしかありません。

しかもコシモは、国内だけでなく国外に対しても、平和確立こそが最重要事であることを知っていた。一四五三年のコンスタンティノープルの陥落、つまり東ローマ帝国の滅亡とトルコ帝国の台頭という西欧世界にとっての大打撃を、イタリアの平和確立に活用する。当時のイタリア半島の五大勢力であったミラノ公国、ヴェネツィア共和国、フィレンツェ共和国、ローマ法王庁、ナポリ王国の間で、これまでのような争いはやめて講和を結ぼうと提唱したのです。「ローディの和」の名で実現することは、勢力均衡政策のはしりと言ってよい。しかもコシモの外交は、トルコにまで及ぶのです。フィレンツェは、オリエントにはたいした権益をもっていなかった。守らねばならない権益が微少ならば、権益の大きいヴェネツィアよりは身軽に動けるということにもなる。この立場を利用したコシモは、西方（オチデント）と東方（オリエント）の橋渡しに活躍するのです。自国の商人の権益拡大というよりも、西方諸国に恩を売るのが本音であったのですが。それでもこの結果、メディチ家とトルコのスルタンはすこぶる良好な関係になり、しかもそれは長くつづく。一四七八年、コシモが死んで十四年も過ぎた後ですが、失敗に終ったとはいえ「パッツィ家の陰謀」の名で有名な反メディチのクーデターが起ります。的にされたのは、コシモの孫のロレンツォとジュリアーノの兄弟。ロレンツォは凶刃を逃れますが、ジュリアーノは殺される。この陰謀に加わった一人がトルコに逃げてきたのを捕らえ、何の交換条件もつけずにフィレンツェに送還したのが、トルコのスルタンのマホメッド二世でした」

「経済、政治、外交と、メディチ家のコシモの能力の広さと深さはわかりましたが、この人は学芸助成の面でも大きな業績をあげた人ですよね」

「答えは完全にイエス。現在のウフィッツィ美術館の建物がとりまく広場の周囲には、フィレンツェが生んだ天才たちの立像が並んでいますが、美術館の入口には、コシモとその孫のロレンツォの、メディチ家の男二人の立像が右と左に分れて立っている。美術館の中にある芸術品も、外の広場に立ち並ぶ天才たちも、その多くはこの二人の支援があっての結果だから、この待遇も当然と思いますね。

　それでコシモですが、この人は同時代人に言わせると、衆に秀でた学識の持主でもなく、深く芸術を理解した人でもなかったという。ただし、こう書いたその人はつづけて、広い視野の持主ではあった、と書いています。学問芸術の助成者には、自分自身の感覚や好みや視点に執着しない、このような人のほうが向いているのです。そのうえコシモには、メディチ財閥の資力があった。買ってくれるということくらい、学芸の当事者にとって励みになることはない。しかも彼が、〝内需〟の先導者を引き受けたのは、文化がもたらす影響も熟知していたからです。経済大国になっても政治大国になっても、それだけではリーダーにはなれない。それだけでは、リードされる側を納得させることはできないからです。コシモは、フィレンツェを、文化大国にもしようと考え、しかもそれを実現するのですね。


　コシモは、フィレンツェの郊外のカレッジにあったメディチ家所有の別邸を提供し、古典学者のマルシリオ・フィチーノを学長にして「アカデミア・プラトニカ」（プラトン・アカデミー）を創設します。とはいえ、単に学問の研究所を創設したのではない。プラトン学院と訳してよいと思われるこの名称が示すように、古代のアテネにプラトンが創設した「アカデミア」の再興なのです。

　紀元前四世紀も終る頃にアテネ郊外の森の中に創設されたのがプラトン学院ですが、ギリシアがローマの覇権下に入った後も最高学府でありつづけ、ここで学んだ人の中で有名人をあげれば、ローマ人のキケロ、ギリシア人のプルタルコス、ユダヤ人のフィロンと、人種差別をしなかったローマ帝国そのままに、研究者も多国籍集団だった。しかし、このプラトン学院も、紀元後の六世紀には、キリスト教徒には害をもたらすという理由で、東ローマ帝国の皇帝によって廃校にされてしまう。それを、一千年後に再興したのがコシモです。この、大学というよりは大学を終えた人々の研究機関という感じのフィレンツェの「アカデミア・プラトニカ」には、フィレンツェにかぎらずイタリア中から人が集まったのはもちろんですが、これが導火線になって、ローマにもナポリにも「アカデミア」が生れたことがもっとスゴイ。古代はこうして、イタリア・ルネサンスの中に復興したのです。

コシモ・デ・メディチの芸術面での支援の徹底さは、それをいちいち書いていては何ページにもなるので、彼の言った言葉で代えましょう。

「わたしは、この都市《まち》の気分を知っている。われわれメディチが追い出されるまでに、五十年とは要しないだろう。だが、モノは残る」

あれから五百年以上も過ぎた今のフィレンツェを埋めている観光客の群れを眺めるたびに、私は右の一句を思い出すのです。世界各地から訪れたこの人々が鑑賞するフィレンツェの都市《まち》とそこにある芸術品も、その半ば以上はメディチ家が注文して作らせたり収集した「モノ」と、メディチ家に刺激された他のフィレンツェ人の注文か収集した「モノ」、であるのですから。

プラトン学院の学長格であった古典学者のマルシリオ・フィチーノには年金を支給し生活を保証していたのは知られていますが、芸術家にも、この種の配慮を忘れなかったのがコシモでした。

彫刻家のドナテッロは、コシモがとくに愛した芸術家であり、当時でもすでに有名で仕事には不足しなかった人ですが、無理解な注文主とはしばしば衝突する人でもあった。このドナテッロにコシモは、遺言の中で、生活の心配をしないで創作に専念できるようにと、フィレンツェ郊外のカファジョーロの地に、豊かな収入が保証される農園を贈る一項を入れたのです。メディチを継いだコシモの息子ピエロは、もちろんこれを守る。ドナテッロも、これで無理解な注文主とやり合わなくても、また貧困の中で死ぬことを怖れなくてもよいのだと、喜んでそれを受けとる。正式に、贈与契約書も交わされたのでした。

ところが、それからさしたる期間も経ていないのに、ドナテッロはピエロの許にやってきて、農園を返したいと言う。なぜかと問うたピエロに、芸術家は答えます。

「ほとんど三日ごとに、風が吹いて鳩舎の屋根が吹きとんでしまったとか、納税のために家畜を処理しなくてはならないとか、嵐になればなったで、葡萄畑がメチャメチャになったのではないか、果樹園はどうなっているかと心配で心配で、安心して創作に向うどころではありません。これならいっそ、貧乏の中で死ぬほうがましです」

大笑いしたメディチ家の当主は、返してきた農園は受けとった。だが、メディチ銀行につくらせたドナテッロ名義の口座に、贈った農園からあがる収益に見あうか、それより少し多い額を月ごとに計算して、その分を毎月の末に払い込むよう指示したのです。芸術家が、今度こそ心から満足したのは言うまでもありません。

フィレンツェを代表する彫刻家であったドナテッロは一四六六年に死にますが、コシモの墓の隣りに葬ってほしいと記した遺言を残す。これもピエロは守ります。今でも、メディチ家の墓所のある聖《サン》ロレンツォ教会のコシモの墓の隣りには、ドナテッロの墓がある。

しかし、この感動的なエピソードも、彼らの独創ではないんですね。ローマ帝国の初代皇帝であったアウグストゥスの親友にマエケナスという人がいたのですが、この人は詩人のヴェルギリウスやホラティウスのパトロンであったことでも有名な人です。山荘を贈ることで詩作に専念できるようにしてくれたマエケナスに恩を感じていたホラティウスは、死の前に、マエケナスの墓の近くに葬ってくれという遺言を残すのです。これ以降、学芸の助成を「マエケナス」と言うようになったのですが、これがフランス語になると、「メセナ」になる。ドナテッロもピエロもこの話を知っていて、一方は遺言し、一方はそれを果した。古代は、まるで血管の中を流れる血液のように、ルネサンス人の中に生きていたということでしょうか。

メディチ家のコシモが死んだのは、ドナテッロの死よりは二年前の一四六四年、七十五歳の生涯でした。君主の肩書と豪奢な生活はないが実質上の君主、とローマ法王から評されたように一市民で通したコシモだけに、葬式も、外国からの弔問者など一人もいない一市民のものだった。しかし、フィレンツェの議会はコシモに、「祖国の父」の称号を贈ります。彼に贈られた「Pater patriae《パーテル・パトリアエ》」とは、ユリウス・カエサル以後のローマの皇帝たちが、ローマの元老院から贈られた称号なんですね。中世・ルネサンスを通じてこの称号を贈られた人は、コシモ一人しかいないのです。

病弱だったために、メディチ家を、つまりはフィレンツェ共和国を率いた時期は五年にすぎなかったピエロの後を、二十歳の若さで継ぐことになったロレンツォですが、この男に関しては、私はすでに『わが友マキアヴェッリ』の中で相当にくわしくとりあげている。第一部の第二章、「メディチ家のロレンツォ」と第三章の「パッツィ家の陰謀」、そして第四章の「花の都フィレンツェ」です。それは、一四六九年生れのマキアヴェッリの青少年時代が、ロレンツォが、フィレンツェだけでなくイタリアの、いやヨーロッパの〝スター〟であった時期と重なるからです。それでここでは簡単にふれるに留めますが、この人は祖父のコシモとちがって、「イル・マニーフィコ」(偉大な人、ないしは華麗な人)の呼称が示すように、何をしても派手で華やかだった。祖父同様の平和路線の継承者で勢力均衡政策を推進した第一級の政治家ですが、コシモならば裏方にまわったのに、ロレンツォとなると首脳会談でことを決するほうを好むという具合。それでも、マキアヴェッリが『フィレンツェ史』の中で書いた次の箇所が、「ロレンツォ・イル・マニーフィコ」の功績の第一です。

ロレンツォ・デ・メディチ

——フィレンツェ人は、ロレンツォ・デ・メディチが死ぬ一四九二年までは、最大の幸福の許で過ごした。ロレンツォは、彼自身の思慮と彼自身の権威によって、イタリア内の戦いを芽のうちにつみとることに成功したからである。彼の全関心は、彼自らと彼の国フィレンツェを偉大にすることに向けられた。——

祖父同様に学芸の助成にも熱心であったロレンツォですが、彼自身の性格を反映してか、プラトン・アカデミーも、ロレンツォの代になると様変わりしてくる。哲学史的に言うと、前三世紀のプラトンの研究よりも、新プラトン主義と呼ばれた後三世紀の哲学者プロティノスの研究が主力になってくる。同時に、『ヘルメス文書』の名で総称される、紀元前後の哲学者と信じられていたヘルメス・トリスメギストスの思想も、宇宙と地球と人間の同一性を唱えたという理由で注目されてくる。要するに観念論が主流になったということですが、人間とは、あらゆる現象を説明できる原理の探究には常に魅了されるものなのですね。こうなると、天文学もより魅力的に映る占星術になり、化学も錬金術の方向に向ってしまう」

「あなたは、ルネサンスをあつかった作品のどれにおいても、ロレンツォ時代のプラトン・アカデミーには、無関心と思えるほどに冷淡ですね」

「私の関心が、ロレンツォ時代のフィレンツェに住んでいながらプラトン・アカデミーには出入りしなかった人々のほうにあったからでしょう。その代表格はレオナルド・ダ・ヴィンチ。レオナルドは、見ることのできないものを論ずるのは意味がないと言って、一度は招きに応じてもその後は足を向けなかった。マキアヴェッリのほうはまだ少年期を脱する時期であったから、カレッジの別邸で開かれるシンポジウムには招かれるはずもありません。だが、もしも十年早く生れていて招かれていたとしても、レオナルドと同じ感想をもったのではないかと思う。マキアヴェッリの生涯の関心事は、一つの原理では解釈しようのない、人間性の種々相にあったのですから。

それに私は、哲学とはギリシア哲学につきるのであって、それ以降の哲学は、キリスト教と哲学の一体化という、所詮は無為に終るしかない労力のくり返しではなかったか、と思っています。無用の労のくり返しと言うのでは過激すぎるなら、ギリシア哲学の打ち上げた命題に、時代ごとの答えを与えようとした労力、と言い換えてもよい。なぜなら、宗教とは信ずることであり、哲学は疑うことです。唯一の原理の探究も、哲学では、原理の樹立と破壊をくり返し行うことによって成されるものであって、いったん打ち立てた原理を神聖不可侵なものとして堅持しつづけることで成るものではない。哲学とはギリシア哲学につきると言ったのは、ギリシア時代は多神教の世界だったので、神聖にして不可侵としなければ成り立たない、一神教の規制を受けないですんだからですよ。

また、私がプラトン・アカデミーに冷淡なもう一つの理由は、一時は華やかでヨーロッパ中の学界にまで影響を与えた彼らの思想なのに、ロレンツォの死の二年後には実にモロくも崩れた事実を重要視するからです。

一四九二年にロレンツォが死ぬ。プラトン・アカデミーにとっては、後ろ楯を失ったことになる。しかもその二年後には、メディチ銀行が破産します。マキアヴェッリの著作を引用すれば、次のようになる。

——商売《メルカンツィア》では、ロレンツォはまことに不運であったと言わねばならない。その原因は、彼が実際上の仕事をまかせていた各地の支社長たちのだらしなさにあった。支社長たちは、私営企業の人としてよりも公営企業の人のように振舞った。おかげで、西欧各地に投資されていたメディチ家の資産の多くは失われた——

どうやら偉大なるロレンツォは、祖父のコシモとはちがって、経営者としては偉大ではなかったようです。

しかし、メディチ銀行の破産は、フィレンツェ人にとっては単なる一銀行の破産ではすまなかったのですね。メディチ家あってのフィレンツェと信じきって、六十年を過ごしてきたのです。メディチ財閥の中心事業であったメディチ銀行が破産したということは、フィレンツェの将来への不安を呼び起さずにはすまなかった。フィレンツェ人が、暗い気分になったのも当然です。

ところがこれと同じ年、この気分に追い討ちをかけるように、修道士サヴォナローラの説教が火を噴く。それまでのフィレンツェ人の現世的な生活ぶりを非難し、悔い改めねば神罰が下ると説教したのです。しかもその年、フランス王の大軍がイタリアになだれこんできた。もちろんサヴォナローラは、これこそフィレンツェに下された神罰だと絶叫する。

これに、フィレンツェの市井の人々だけでなく、プラトン・アカデミーの知識人までが屈したのですね。すべての中心は人間であるという実にルネサンス的な思想を高らかにかかげていたピコ・デラ・ミランドラでさえも、サヴォナローラ派に転向した。学院の常連でもあり、またロレンツォ時代のフィレンツェを最も美しく表現したと言われていた画家のボッティチェッリも、悔い改めた結果、歓喜から悲哀へと、画風を百八十度変えてしまう。「アカデミア・プラトニカ」は、瓦解したのです。観念論は、別の観念論で向ってこられると、意外に弱いものなのですよ。そして、十五世紀末というこの時期を最後にして、フィレンツェのルネサンスは事実上終焉する。芸術家たちも、それまでは国外で仕事しても完成すればフィレンツェに帰っていたのが、国外での仕事の量がずっと多くなり、またそれが完成しても故国には帰らないようになります。それまでは人材が集まってきていたフィレンツェが、人材が外に出ていくように変わったのですね。

最後に、自身文人としてもなかなかの才能があった、メディチ家のロレンツォの詩を紹介して、ルネサンスのフィレンツェ篇も「The end」、イタリア語ならば「Fine」にしたいと思いますがどうでしょう。

四十三年にも満たなかった一生の間に彼が書き遺した詩や短編小説は、多忙だったにちがいない人にしては意外に多く、五百年後の現代でも出版されていて三巻にもなります。内容によっての分類が可能であったというところがまず面白い。「喜びの詩《うた》」、「愛の詩《うた》」、「魂の詩《うた》」と。これだけで、ルネサンス最盛期のフィレンツェを映し出しているという感じ。マキアヴェッリの言う、「ロレンツォくらい、運と神より愛された者はいなかった」も、なるほどと思えませんか。

ここで紹介するのは、イタリア文学史上の作品ということで中学生でも学び、映画館のスクリーンの上の壁面にも刻まれるほどポピュラーな詩の最初の部分ですが、表題は『バッカスの歌』。酒の神バッカスに捧げられているところから、どんちゃん騒ぎに終るのが常の謝肉祭用の詩というわけで、実際、カーニヴァルの季節になると歌われていた。音声でも追えるように、原語のままを写します。イタリア語の発音はローマ字を読むのに似ているので、音声を追うのも簡単と思うから。

『バッカスの歌』
Quant'è bella giovinezza,
che si fugge tuttavia!
(chi vuol esser lieto, sia:
di doman non c'è certezza.
訳を試みれば、次のようになります。
青春とは、なんと美しいものか
とはいえ、みる間に過ぎ去ってしまう
(愉しみたい者は、さあ、すぐに
たしかな明日は、ないのだから。

この詩《うた》は八番まであり、一番で歌われた、私が(でくくった最後の二行が、他の七番でも、必ず終りでくり返される構成になっています。つまり、朗読するよりも、リュートにでも伴奏させて歌うのに適した詩ということで、これも当時の大ヒットの理由であったのかもしれません。ちなみに、現代の映画館にもかかげられているのも、一番ごとにリフレーンされるこの二行。

ロレンツォ作の『バッカスの歌』は、フィレンツェだけでなくイタリア中で流行したそうで、ここからは私の想像ですが、私が試みたような直訳ではなく意訳という感じにしろ日本にも伝わった。後々までヴェネツィアの謝肉祭では歌われていたというこの詩を、上田敏か誰かヴェネツィアに旅した日本の文人が聴き知り、それを帰国後に語ったのが歌人の吉井勇にヒントを与え、次の歌が生れたのではないか、というわけ。『ゴンドラの唄《うた》』と題されたのも、ヴェネツィア経由の証しではないか、と。

『ゴンドラの唄《うた》』
いのち短かし　恋せよ乙女
紅きくちびる　あせぬまに
熱き血潮の　冷めぬまに
明日の月日は　ないものを

大意ならば同じですし、ロレンツォも、五百年後のこの〝日本語訳〟を知れば感心したのではないかと思いますね。

マキアヴェッリはこのロレンツォを、若死としてよい四十二歳で死んだにかかわらず、良いときに死んだ、と書いています。ロレンツォよりは二十年の後に生れたルネサンスきってのこの警世思想家は、ロレンツォの死を境にするかのように瓦解していくフィレンツェを立て直そうと努めた一人でしたから、右の一句にこめられた意味は深い。幸福なフィレンツェを体現できた人への羨望と、同時に、もはや過去でしかなくなった人への惜別の想い。

フィレンツェの人ニコロ・マキアヴェッリの代表作は、世界の名著シリーズには欠かすことのできない、また現代に至るまで多くの読者をもちつづける『君主論』ですが、これは、当時では画期的であった政治と宗教の完全な分離を、リーダーはいかにあるべきかという具体論を通じて提唱した作品です。メディチ家のロレンツォの政治は政教分離で一貫しており、マキアヴェッリは『フィレンツェ史』ではこのロレンツォを賞讃して書いている。『君主論』でも誰よりも多く言及され、それどころかモデルにされたとしても不思議ではなかった。ところが、『君主論』中でロレンツォに言及した箇所は、一ヵ所もないのです。ましてや、時代に適したリーダー像とされたのは、多くの面でロレンツォとは反対いない。変わりつつあるイタリアに適したリーダーとしてのモデルには、まったくなってのチェーザレ・ボルジアのほうだった。なぜでしょうか。

当時のヨーロッパでは明らかに先進国であったイタリアのヴェネツィア、ミラノ、フィレンツェ、ローマ、ナポリの間でならば、コシモやロレンツォが推進した勢力均衡政策は有効だったのです。つまり、すでに持っている国同士の間でならば機能できた。しかし、この価値観は、開発途上国、と言って悪ければ、いまだ持つに至ってはいない国とでも言い換えますが、そのような国に対しては通用しない。なぜなら、勢力均衡政策とは、現状維持政策だからです。ところが、現状維持では不満足などこかの国が、現状維持主義の国の全人口にも匹敵する大軍を率いて攻めこんできたらどうなるか。十五世紀末にフランス王の軍に攻めこまれたイタリアの諸国は、この問題を突きつけられたのです。これに答えを出そうと努めたのが、マキアヴェッリの『君主論』。時代は変わったのです。リーダー像も、変わらざるをえなかった。

フランスに派遣されたフィレンツェ共和国の外交使節団を前にして、フランス王ルイ十二世は言います。

「イタリア人は戦争を知らない」

これに、使節団の末席に連なるにすぎなかった、三十歳のマキアヴェッリが言い返す。

「フランス人は政治を知りません」

しかし、いかに敢然と言い返しても、軍事大国であると同時に政治大国でもあった国家は、後にも先にもローマ帝国しか存在しなかったのが人間世界の現実。この現実を直視せざるをえなかったマキアヴェッリにとっては、政治の巧者ではあっても軍事は重要視していなかったロレンツォは、イタリアの現在を論ずる『君主論』には、とりあげる価値のない過去の人であったのでしょう。

だからこそ、フィレンツェの過去を叙述した『フィレンツェ史』では、このロレンツォを高く評価したのです。そしてそれは当然だし、またロレンツォとマキアヴェッリの二人は、本質的には似た者同士ではなかったか。二人とも、他のどこでもなく、フィレンツェにしか生れえない人間であるという点で」

「フィレンツェにしか生れえない人間というならば、レオナルド・ダ・ヴィンチこそが典型ではないのですか。われわれ後代の人間がルネサンス時代に想いを馳せるとき、まず頭に浮んでくるのがレオナルドです。いや、ルネサンス・イコール・レオナルド、という感じさえする。ルネサンス・フィレンツェ篇の最後はやはり、レオナルドで締めていただきたい気分ですね」

「おっしゃる意味はよくわかります。イタリア・ルネサンスは数多の天才を輩出しましたが、天才の上を行く巨人となれば、レオナルドとミケランジェロをあげるしかない。創造した作品《オペラ》の量ならばミケランジェロ、思索をめぐらせた分野の多彩さならばレオナルド、と言えるでしょうか。イギリスの哲学者バートランド・ラッセルの著書の一つに、『Wisdom of The West』（西方の智恵）があるのですが、その中に次のような一文があります。

――哲学（フィロゾフィー）は、科学（サイエンス）と同じく、誰かがごく一般的な疑問をいだいたときにはじまる。この種の好奇心を、最初に民族的な規模でもったのがギリシア人だった。現代のわれわれが知っている哲学と科学は、古代のギリシア人の創造である。ギリシア文明とはこの知的な運動の爆発であり、これほども華々しいイヴェントは歴史上に存在しない。それ以前にもそれ以後にも、このギリシアと比肩しうる知の爆発は起らなかった。二世紀という短い期間に、ギリシア人は芸術、文学、科学、哲学の各分野にわたって、すさまじい量の傑作を創り出したのである。そしてこれらが、その後の西方文明の基礎と体系を形づくることになった。――

ヨーロッパ連合（EU）には、毎年一つの文化都市を選ぶ催しがあります。第一年目はギリシアのアテネ、二年目はイタリアのフィレンツェでした。三年目から後はどこであったのか覚えていません。マスメディアもとりあげなくなった。つづけられているとしても、もともとの意義はもはやないからでしょう。

バートランド・ラッセルの言葉を紹介したのは、知の爆発ということならば、アテネが代表したギリシアの後はフィレンツェを先頭にしたイタリアであった、と言いたかったこともありますが、それに加えて、ラッセルのこの一文はレオナルドを語る場合にも使える、と思ったからです。レオナルドくらい、「なぜ」で生き通した人もいなかった。私の空想するレオナルドは、「ペルケ、ペルケ、ペルケ」と独りつぶやきながら部屋の中を行ったり来たりしている姿です。「perche」とはイタリア語で、「なぜ」の意味。

レオナルドは、万能の人と言われていますが、これも、何でもできた人、とか、器用な人、とすることはできない。それよりも、「なぜ」の解明に、ある場合は絵画が適しており、別の場合は解剖が最適の手段であったから、結果として多方面に手を広げてしまった、のではないでしょうか。もちろん、手をつけたものの出来具合は余人の及ぶところではなかったから、その意味ならば「何でもできた人」ではあったわけですが。

彼においては、芸術も科学も技術も観察すらも彼自身のうちに一体化していたと言われるのも、「なぜ」からすべてが発していたからではないか。マルチ思考の人ではなく、思考のはじまりは「なぜ」の一つなのに、思考の過程がマルチになったのではないか。

並の才能の持主でも、創造は「なぜ」の解明への欲求からはじまります。しかし、この人々の場合は、創作の過程で、また完成してはじめてなぜの解明は成就するということがわかってくる。ところがレオナルドとなると、完成しない前にわかってしまう」

「それが、レオナルドに未完成の作品が多い理由ですか」

「理由の一つではあるでしょう。しかし、もう一つの理由は、彼にしてなお、できない、とわかったときであったと思う。「最後の晩餐」の壁画は、中央に坐すキリストの顔が、最後の最後になるまで描かれなかったという。「三王礼拝」は、下書きの段階で放棄された。完成とは、あるところまではやったがそれ以上のことはあきらめたから、できることでもあるんですよ」

「レオナルドは、あきらめなかったのですか」

「レオナルドだって、あきらめたのです。ただしそれは、作品が完成するとか未完成で残るというのとは、無関係であったというだけ。レオナルドという人は、本源的に謙虚な人だったのですね」

「謙虚は、創作者《クリエーター》には必要不可欠でしょうか」

「必要不可欠ですね。誰にも負けないという傲慢不遜も、不可欠な条件ですが」

「謙虚と傲慢不遜では、矛盾するのではないですか」

「普通の人ならばハレーションを起して、精神の不安定化になりやすい。しかし創作者は、このどちらか一方に片寄るのではなく双方ともを駆使することで、作品を創りあげていくのです。レオナルドも、若いミケランジェロが敵愾心を燃やしたほどに傲慢不遜でしたよ」

「レオナルドはなぜ、ああも多数のスケッチや想いを書き残したのでしょうか」

「あなたもどうやら、〝なぜ病〟にかかったようですね。しかし、「なぜ」で生涯を貫き通したレオナルドに迫るには、なぜかなぜかと問いつづけ、その一つ一つに自分で回答を想定してみる方法しかないのかもしれません。私個人の想定では、彼は、観察し思索し、それによって感得した想いを書いたり描くことによって、さらに思索を深めるという作業をつづけた人ではないかと思う。ペンであろうが画筆であろうが、それらを使っての表現とは、他者に対してだけではなく、自分自身に向って語ることでもあるのです。文章や絵画にすることによって、考えもより明快になるのだから。表現には、伝達の手段としての役割だけでなく、頭の中にある考えをはっきりさせるという役割もあるのですよ」

「しかし、このようなレオナルドでは、注文する側も大変だったでしょうね」

「絵を描いてさえいればレオナルドは、当時では最高の画料を稼げる人であったのです。二十三歳の年齢差では比較はむずかしいにせよ、ミケランジェロの二倍はもらっていたのではないかと思う。それなのに彼は、注文主もスポンサーも現われそうもない飛行機や解剖に熱中する。絵画で稼いだお金を教会附属の一種の信託銀行に預けて、それをお金にならない研究の資金源にしていたのです。パトロンを求めて移動する途中でしばしばフィレンツェに立ち寄っているのは、自分を育てた故国を訪れる愉しみもあったでしょうが、お金を引き出すためでもあった。

このレオナルドと、パトロンかまたはパトロン的な関係にあったのは次の人々です。

まず、「イル・マニーフィコ」と讃えられたメディチ家のロレンツォ。

結論を先に言えば、このルネサンス精神の体現者は、もう一人の体現者のパトロンにもならず、パトロン的なことすらもやらなかった。ロレンツォとレオナルドの間には、三歳の年齢差しかない。それにこれは余談ですが、現代でさえもフィレンツェ男の名で最も多いのが、ロレンツォとレオナルドです。この二人の間の一見冷淡な関係は、ロレンツォにはレオナルドが理解できなかったゆえなのか、それとも、好みがはっきりしていたロレンツォの世界と、レオナルドの棲む世界はふれ合わなかったのか。ロレンツォの好みを反映して観念論に傾く一方のプラトン・アカデミーに、同じヴェロッキオ工房の兄弟子にあたるボッティチェッリはしばしば出入りしていたのに、レオナルドは関心も寄せていない。師匠ヴェロッキオ作の「キリスト洗礼」の左端に徒弟時代のレオナルドが描いた天使の一人のたぐいまれな美しさは、同時期のボッティチェッリが描いた聖母マリアや天使たちの優美さをはるかに超えていたのだから、美の感覚には人一倍優れていたロレンツォの注意を引かなかったはずはない。それなのにロレンツォがやったことは、レオナルドをミラノ公爵に紹介したことでした。後世でいうところの頭脳流出に、一役買うことでしかなかった。

関係者の第二は、浅黒い顔であったことから「イル・モーロ」(ムーア人)と呼ばれていたミラノ公爵ルドヴィーコ・スフォルツァです。このミラノ公は、自身の好みがはっきりしていないという点で学芸の助成者としてはより適していたのか、レオナルドは十六年もミラノに滞在することになる。ロレンツォの死も、メディチ銀行の倒産も、サヴォナローラに屈した祖国フィレンツェも、そしてその四年後のサヴォナローラの処刑も、すべてミラノで知ったのでした。

このミラノに着いた当初のレオナルドが、ロレンツォの紹介状とともに公爵に提出したのが、有名な自薦状です。まるでエンジニアの売り込みかと思うような内容が九項目にわたって列記された後にはじめて、絵画も他の誰よりも巧みに描けます、と記してあるもの。フィレンツェにいた頃の彼を有名にしたのが絵画であったのだから、三十代に入った若きレオナルドの覇気を表わしているというか、それとも、キザというか。ミラノ公も馬鹿ではなかったから、まるでつけ足しという感じで記されていた画家の才をおおいに活用するのです。愛妾の肖像画まで描かせたのですからね。ところがこの種の作品だと、レオナルドもさっさと完成するんですが。

しかし、普通ならば忌み嫌う解剖から何からさせてはくれたらしいイル・モーロも、フランス軍の侵入の的になって失脚してしまいます。他にパトロンを求めるしかなくなったレオナルドは、マントヴァ侯爵夫人のイザベッラ・デステを頼る。ところがこの女人は、学芸の保護者であることを宣伝する人によくある例で、欲しいのはレオナルドの才能ではなく、レオナルドの描く自分の肖像画が欲しかっただけ。レオナルドは、それには生返事をしてもマントヴァは去るしかなかった。注文は、創作者に、刺激を与える働きをする。しかし、どうにも気の向かない注文に応ずるには、レオナルドは自分に正直でありすぎたのでしょう。

レオナルド画「チェチリア・ガレラーニの肖像」

この後で彼自ら出向いた人が、チェーザレ・ボルジアです。この、マキアヴェッリによれば危機のイタリアを救える唯一のリーダーであったチェーザレは、それゆえに現状維持路線に対しては反逆児であったために、当時の多くの人からは危険人物と見られていた。このような男のところにレオナルドが自ら出向いたということ自体が、後世のレオナルド研究者たちには忌まわしくも不可解なエピソードに映るのです。しかし、レオナルドの関心の一つが、都市計画やインフラ整備にあったことを忘れるわけにはいかない。チェーザレ・ボルジアは、受け継いだ国を守り立てればよかったロレンツォとはちがって、一から自分の王国を建設しなければならなかった。レオナルドもそれがわかっていたからこそ仕事をしたいと申し出、チェーザレが提供する建設総監督の地位を受けたのです。もしもチェーザレが長生きしていたならば、レオナルド考案による画期的なインフラストラクチャーが世に遺ったかもしれない。だが、マキアヴェッリの『君主論』のモデルは、このわずか一年後には失脚する。五十一歳になっていたレオナルドは、仕事をできる地を他に求めるしかなかったのでした。

その後、フィレンツェ、フランス王下のミラノと、仕事はつづけながらも安住の地を求めての到着と出発をくり返したレオナルドは、ロレンツォの息子で法王に就任したレオーネ十世に従ってローマに居を移した、法王の弟のジュリアーノ・デ・メディチの招きでローマに向います。法王レオーネ十世は、ローマに滞在することになったレオナルドに、絵画制作は求めなかった。レオーネ十世の好みにより合ったラファエッロがいたからで、しかもラファエッロは、描きはじめたら完成する画家でもあった。絵を描けとは求めなかったメディチ法王は、しかしレオナルドに、死体の解剖は禁じたのです。開明的なメディチ家の男でもローマ法王になると、キリスト教会の掟を無視できなかったのかもしれません。そしてまもなく、レオナルドの保護者を任じていたジュリアーノが死んでしまう。以前に一度会ったことのあるフランス王フランソワ一世の招きに応じたレオナルドが、イタリアを後にフランスに向ったのは、ジュリアーノ・デ・メディチが死んだ直後の一五一六年。レオナルドも、六十四歳になっていました。

保護者というよりも彼自身が好きで尊敬していたからレオナルドを招いたフランソワ一世ですが、王は、南仏のアンボワーズの郊外にあるクルーの城をレオナルドに提供します。もちろん、生活から何からすべてにかかる費用を払っても充分な年金とともに。しかも、注文はいっさいつけなかった。何かをやってくれと求めるのではなく、居てくれるだけで充分である、というのが、王がレオナルドに贈った言葉でした。注文なしの生活保証くらい、レオナルドのような人にとって嬉しい申し出もなかったでしょう。それに、レオナルドも老いていた。諸国放浪も、苦になる年齢になっていたのです。

しかし、アンボワーズでの安らかで静かな余生は、三年で終ってしまう。一五一九年の五月、その地でレオナルドは、六十七歳の生涯を終えたからです。聖フロランタン教会に葬られたという話ですが、戦乱の世の中、まもなく教会は兵士たちに破壊され、遺体の行方もわからなくなってしまった。もしも遺骨でも残っていたならば、最新の科学技術によって死因が探れたかもしれない。死にいく老人と話を交わし、そして死んだ後は安らかな死の原因を探るためにその老人の遺体を解剖したレオナルドのことだから、そのような処遇を受けても不満には思わなかったにちがいありません。

それにしても、フランソワ一世の好意がよほど嬉しかったとみえ、レオナルドは遺言で、これまではどこにでも持ち歩いていた「モナリザ」を、王に遺贈するのです。わずか三年間の好意にすぎないのに、おかげで「モナリザ」はフランスに残り、今ではルーヴル美術館の至宝になっている。とはいえ、今に至るまでレオナルドに稼がせてもらっているのは、フィレンツェもミラノもローマも同じことですが。

最後に、このレオナルドの書き遺した言葉を一つ、あなたに贈りましょう。

——人間は、自分自身を支配する力よりも大きな支配力も小さな支配力も、もつことはできない存在である——

日本語の一語に換えれば、おのれにうち勝つという意味で、克己、でしょうか。私にはこの一句が、レオナルドによるルネサンス宣言に聴こえるのです」

第二部　ローマで考える

「屋上のテラスはここだけかと思っていましたが、眺めてみればあちこちにあるんですね」

「ローマの都心部に住むということは、街路や広場のローマ、家の中のローマ、屋上のローマ、の三つを愉しむことでもあるのです。もちろん恵まれた人だけが、この三つのローマをともに享受できるわけですが」

「まったく、ここから眺めていると、屋上のローマが存在するということが納得できます。教会の丸屋根《ドーム》も、下から見上げるのではなく平行線上で眺めることができるし、屋上からなのだから当然にしても、視界は広まり気分も壮快になる。気候も、フィレンツェとはちがうようですね」

「ローマを表現する言葉の一つに、「arioso」（アリオーゾ）があります。風通しがよいとか、こせこせしないとかいう意味の形容詞です。盆地のフィレンツェでは夏が暑く冬は寒いのに、ローマでは夏は涼しく冬は暖かい。イタリア半島で最も気候温暖な地はローマとナポリ周辺ですが、このローマを首都にし、景観の美だけでなく温泉も豊富だったナポリ周辺を保養地にしていたのだから、古代のローマ人の立地選択の妙には感心させられます。

古代のローマで思い出しましたが、ローマ帝国が滅亡して一千五百年が過ぎているというのに、いまだにローマ市は、四月二十一日を祭日にしているのです。古代のローマは紀元前七五三年の四月二十一日にロムルスが建国したとされているからで、ローマ帝国が健在であった時代はその日を毎年、建国祭として祝っていた。このローマが滅亡して以後は建国祭としては祝えなくなったにせよ、その後もローマは都市でありつづけたのだから、建都祭としてならば祝う理由はあるからでしょう。また、現代のローマ市は、市を表わす略記号も、古代のローマそのままに、「ＳＰＱＲ」を使っている。「元老院並びにローマ市民」を表わすラテン語の「Senatus Populus Que Romanus」の略字ですが、ヨーロッパと中近東と北アフリカを網羅していたローマ帝国はすでになく、ローマ市民も、この大帝国を背負う責務どころか、ただ単にローマに住む人の意味しかなくなったのにと笑ってしまいますが、これだけは古代のローマ人と似て自己批判力の強い現代のローマっ子は、SPQRを「Sono porci questi romani」つまり、「ローマ市民は豚である」の略語と考えているのです。

　永遠の都市ローマも、このような具合で、良く言えばこせこせしない、正確に評すればチャランポラン、な都市なのですね。いや、このローマにいると、誰もが「アリオーゾ」になってしまうのかも。その例を一つ紹介しましょう。『随想録《エセー》』の著者としても高名なモンテーニュの、『イタリア紀行』の中のローマ滞在中の記述の一部です。

　——ローマに住むことの気楽さの一因は、この都市が世界のどこよりもコスモポリタンであることだ。ローマほど、外国人であることや生国がどこであるかなどということが、問題にされない都市もない。事実、住んでいる外国人は多いが、この人々とて同国人同士で固まって住んでいても、彼らのいずれもがまるで自分の国に住んでいるかのように生活している。このローマの統治者はローマ法王だが、彼の権威はどこに住まおうとキリスト教徒の全員に及ぶわけだから、彼の住むこのローマが隣り合って生活する各国別のコミュニティで成り立っているのも当然なのだろう。法王の選出でも枢機卿の任命でも、出身国別が問題にされないのがローマなのである。

多数の外国人が住む都市ということでは同じでも、ヴェネツィアとなるとちがってくる。ヴェネツィアには多くの外国人が、あの国の合理的で自由な制度とその成果である経済上の利益に魅かれて集まる。それでも、他国に住んでいるという想いは常に残る。反対にローマでは、聖職者に好都合な組織になっており制度もそうであるにかかわらず、外国人でも各々の資力と地位に応じて、まるで自国内でもあるかのように生活している。……（中略）……ローマでは、われわれフランス人はフランス風の、スペイン人はスペイン風の、ドイツ人はドイツ風の、またイタリアの各地方出身者もそれぞれ地方別の服装をしているのだが、庶民ですらもその差異には注意も払わない。注意は払わないが、乞食だと、服のちがいを見てはその国の言葉で、「ダンナ、お恵みを」と言ってはくる。——

これにつづけてモンテーニュは、彼自身の、「ローマ市民権」取得に際しての一部始終を述べています。ローマ駐在フランス大使を通じてでしょうが、法王の息子（聖職者でも息子がいたというのがローマらしい）のソーラ公爵や侍従長のムゾッティに根まわしした結果もらうのに成功するのですが、フランス一のモラリストにはこれが嬉しかったらしい。「実益などは伴わないタイトル」であり、「古《いにしえ》の誉《ほま》れと偉大さへの聖なる記憶を呼び起すにすぎない」とは言っても、「やはり喜びであった」と書いています。ガリアと呼ばれていたフランスもその一員であった時代の、ローマ帝国の市民にでもなった想いであったのでしょうか。

ところが、ここまでは微笑ものでも、ここからは笑いに代わる。自分でも恥ずかしかったのかモンテーニュ自身は書き残していないのですが、コネを駆使した末に取得できたローマ市民権授与の理由というのが、モンテーニュはフランスのソクラテスである、というのであったから笑ってしまう。ソクラテスの哲学を弟子であったプラトンが教えたのが、アテネにあった「アカデミア」。それが廃校になった理由は、キリスト教徒にふさわしい教えではない、であったのですよ。キリスト教といえども、ローマに慣れ親しむとチャランポランになるのか、と思ってしまいます。フランスのソクラテスだからと、一時滞在の旅行者なのにモンテーニュにローマ市民権を与えた法王は、ボローニャ出身のグレゴリオ十三世。モンテーニュが滞在した一五八一年当時のローマは、はじめに宗教改革の波を、次いでは反動宗教改革の波をかぶった後のローマです。これが半世紀前のルネサンス時代であったならば、「風通し」が良かっただけでなく、活気もあったのではないかと考えてしまいますね」

「このローマが、フィレンツェに代わってルネサンスの中心になるのはなぜで、それはいつ頃からですか」

「あらゆる歴史現象と同様にルネサンスも、いつ中心になりいつ中心をはずれたかの明確な線引きはできません。しかし、台風が移動していくのに似た動きならばつかめる。その台風の目が居坐った時期は、おそらくは十五世紀の末から十六世紀はじめの四分の一までの三十年。この時期のローマには、レオナルド、ミケランジェロ、ラファエッロと、ルネサンスの最高峰といわれる三人ともが滞在し仕事をしていたからです」

「フィレンツェ・ルネサンスの牽引車はフィレンツェの大商人たちでしたが、ローマ・ルネサンスの牽引車は誰だったのですか」

「歴代のローマ法王ですね」

「ローマ法王は神の地上での代理人であり、キリスト教徒を導く羊飼いであるべき存在です。それなのに、聖書を通して見、考え、行動していた中世を脱し、人間の眼で見、人間の心で考え、人間の判断で行動することを打ち上げたルネサンスという精神運動の、なぜ牽引車になりえたのですか」

「キリスト教会くらい、時代の流れに柔軟に対応してきた組織もないのですよ。これが彼らの真のパワーですが、かつては聖フランチェスコの清貧思想を積極的に容認した法王庁も、二百年が過ぎる頃ともなると、華麗なルネサンス絵画や彫刻や建築の創造に積極的に関与するようになったというわけ」

「しかし、イエス・キリストは、ソロモンの栄華よりも一本の野の百合を選んでいます」

「イエスは神の子です。でも、神の子ではない人間たちは、野の百合も愛するがソロモンの栄華も好きという、困った生きものでもあるんですね。

それに、美しく飾り立てた教会は祈りの場にはふさわしくないとする非難は、一般庶民の感情に無神経でありすぎる。教会は、生れたときの洗礼の場であり結婚式の場であり葬式の場であるだけでなく、愛する娘の後を追って教会の中に入った若者が、祈りを捧げる娘の背に、後部座席から熱い視線を向ける場でもあるのです。そこを美しく飾り立てて、どこが悪いのでしょう」

「教会を美しく飾っただけではなく、高位になればなるほど聖職者は豪勢な生活を愉しんでいたというのだから、これは聖職者階級の堕落ではないですか」

「まあ、贅沢が賞められた例はないから、良いことではないのは確かでしょう。しかし、庶民とはなぜか、自分たちには手のとどかない贅沢を好む。憧れるとしてもよい。王室や映画やミュージックの世界のスターたちがスターでありえるのは、この人々とは反対の極にいるはずの庶民の支持があるからです。

しかも、法王や枢機卿たちの華麗な僧衣の一方には、黒や茶や白の粗末な僧服や修道衣の一群がいる。この両輪で成っているところが、キリスト教会の組織としての強みです。つまり、華麗と清貧の双方とも満足させることこそ、その双方を求める人間の本性を熟知していたということ。

ルネサンス法王と総称されている法王たちは、清濁合わせもちそれゆえに宗教者としてはチャランポランであったかもしれないが、キリスト教会という組織の長であることの認識度では、なかなかのしたたかさを示した男たちでもあるんですね。これを言い換えれば、聖職界の長としてだけではなく俗界の組織のリーダーであったとしても、立派に通用した男たちだった。このような男たちだからこそ、芸術家たちも丁々発止でやりあえたのにちがいない。おとなしく注文をこなしているだけならば、「アルティジャーノ」（職人）でしかない。「アルティスタ」（芸術家）は、注文を逆手に使って自分の創りたいものを創り出す人のことです。

ルネサンス法王と総称される人々を列記していくと、次のようになります。（　）内は在位期間。

イタリア人の呼び名に準ずる意味で、法王名もラテン語式ではなく、イタリア語読みにします。

ピオ二世（一四五八―六四年）――俗名はエネア・シルヴィオ・ピッコローミニ。シエナ近くのピエンツァ出身。人文学者《ウマニスタ》と呼ばれた当時の知識人で、『評論集《コンメンターリ》』をはじめとする著書多き文人法王。しかし、一四五三年のトルコによるコンスタンティノープルの陥落（東ローマ帝国の滅亡）の挽回策として十字軍編成に奔走するが、イタリアの都市国家からそっぽを向かれて挫折。

パオロ二世（一四六四―七一年）――俗名はピエトロ・バルボ。ヴェネツィア出身。トルコ帝国の台頭によって生じた西方勢の後退の挽回を、十字軍でなく通商関係の再開に求める母国ヴェネツィアの政策に呼応して、法王庁の対トルコ政策の方向転換を策した法王。この人の法王選出自体が、ヴェネツィア共和国による策謀の結果であったと言われている。策謀とは、法王選出に一票をもつ枢機卿たちの買収であったことはもちろん。

シスト四世（一四七一―八四年）――俗名はフランチェスコ・デッラ・ローヴェレ。ジェノヴァ近くのサヴォーナ出身。良くも悪くもバイタリティが旺盛だった法王。甥たちを次々と枢機卿に任命して、「ネポティズム」（閨閥主義）をはじめた人。対トルコの十字軍を編成するも、参加国間の不和で挫折。東ローマ帝国最後の皇帝の姪をロシアのイワン三世に嫁がせ、それによってロシアが東ローマ帝国の継承者になることを公認して面目を保つ。ただし、コンスタンティノープル陥落後のローマ法王たちが十字軍に熱心であったのも、異教徒トルコに対してのキリスト教世界の首長の態度としては当然であり、平和の使者を認ずる現在の法王が、世界各地で発生する民族紛争のことごとに話し合いによる解決を提唱しつづけているのと同じこと。つまり、個々人の考えとは別の、キリスト教会の長の責務であったという事情は考慮しておくべき。

フィレンツェ共和国の事実上の君主であったメディチ家を目の敵《かたき》にする。ロレンツォとジュリアーノの殺害を謀った「パッツィ家の陰謀」も、フィレンツェ内部の反メディチ勢力のパッツィ家の男たちが表面に立ったが、裏で糸を引いていたのはシスト法王であったことは公然の秘密だった。

ただし、メディチ家は憎んでも、メディチ家が学芸の分野で負った役割はすべてまねする。四代前の法王ニコロ五世の創設したヴァティカン図書館を、修道院所蔵の写本収集に努めることによって格段に充実させたのは、このシスト四世。メディチ家のコシモが再興した「アカデミア・プラトニカ」をローマにも移植し、高給を払って人文学者たちを集め、「アカデミア・ロマーナ」を創ったのもシスト法王。そして、今もなお「システィーナ礼拝堂《カペッラ・システィーナ》」と呼ばれている、ルネサンス絵画の殿堂を創らせたのも彼。礼拝堂を意味するイタリア語の「カペッラ」は女性形なので、これにつづくシストも女性変化して「Cappella Sistina」となっただけで、イタリア名に忠実に訳すとすれば、「シスト礼拝堂」になる。

この「システィーナ礼拝堂」のルネサンス芸術の殿堂化の第一段階は、シスト四世が招聘したウンブリアとフィレンツェの画家たち、ペルジーノ、ボッティチェッリ、コシモ・ロッセッリ、ルカ・シニョレッリ、ドメニコ・ギルランダイオによって成される。四十メートル×十三・五メートルの長方形の両翼に描かれた十二面の壁画がそれ。興味深いのは、メディチの息のかかった画家でも平然と招いた法王に対し、この人々のローマ行きを阻止しようと思えばできたにかかわらず、かえって奨励したロレンツォのやり方。ローマ法王庁とメディチ家の関係改善の必要を悟った両者が、芸術の交流をその突破口にしたと思えなくもない。

システィーナ礼拝堂の芸術殿堂化の第二段階は、シスト四世の甥でその二十年後に法王になる、ジュリオ二世によって成される。このときの画家はミケランジェロで、天井のすべてを埋めて描かれた「天地創造」がそれ。殿堂化の最終段階を担当したのもミケランジェロだったが、西側の壁すべてを使って描かれたのは「最後の審判」。依頼主は法王パオロ三世で、完成は一五四一年。システィーナ礼拝堂のルネサンス芸術の殿堂化に要した歳月は、そのままローマがルネサンスの中心であった時期と重なる。

インノチェンツォ八世（一四八四―九二年）――俗名はジョヴァンニ・チボー。ジェノヴァ出身。ローマ法王庁を敵にまわす不利を知ったメディチ家のロレンツォによって、巧みにからめとられた法王と言われている。

ロレンツォは娘のマッダレーナを法王の実子のフランチェスケット・チボーに嫁がせるが、これも単なる法王との縁戚関係を築くためではなかった。インノチェンツォ八世にしてみれば、実の息子の将来を保証してやりたいのも当然で、それには法王庁の領土内のどこかの小領主に任命するのが最も手っとり早い解決法である。だが、それを法王にやられては、娘は侯爵夫人になれるだろうが、その父親のロレンツォにとっては、つまりはフィレンツェ共和国にとっては、その小領国の後ろだてにならざるをえないという、負担を負うことになる。法王の権威と権力はその人の死までだから有限であり、そのような限りあることへの投資としては不適切、とロレンツォは考えたのだろう。

それで「偉大なる《イル・マニーフィコ》」ロレンツォは、フィレンツェの街の中に豪華な宮殿を新造し、そこに婿を迎えたのである。もちろん、充分以上の年金も保証して。だがこれで、娘を人質に取られることなくかえって婿を人質に取るという思惑も現実化でき、本音はそれにあるとは気づかない法王も息子も満足したという次第。同時に、法王の閨閥主義に便乗しなかったことを世間に示すことになり、公正を建前にしてきたロレンツォの名声も一段とあがったのだった。

メディチ銀行倒産の因をつくったりして経営者としては失格者のロレンツォだったが、戦略的思考が不可欠の政治家としてならば超一級であったのだ。しかし、このロレンツォ・イル・マニーフィコも一四九二年の四月に死ぬ。その三ヵ月後に、法王インノチェンツォ八世も死んだ。イタリアが平和であった時代の終焉でもあった。

アレッサンドロ六世

アレッサンドロ六世（一四九二―一五〇三年）――俗名はロドリゴ・ボルジア。スペイン出身。ルネサンスの主役であったイタリアの都市国家に時代の変動を悟らせることになる外国軍の侵略の、第一陣であるシャルル八世率いるフランス軍を迎えることになってしまったローマ法王。おそらくはこの時点でいち早く、コシモとロレンツォのメディチ家の二人の男による現状維持政策でイタリア内の平和だけを考えていればよかった時代が去ったことに気づいたのは、法王アレッサンドロ六世とその息子のチェーザレ・ボルジア、そしてマキアヴェッリの三人ではなかったかと思う。チェーザレは、イタリア半島の中部を押さえる法王庁領土を軍事強国化することで外国勢に対抗可能な盾にすることを考え、父のアレッサンドロ六世はそれを、法王の権力と権威のすべてを投入して助ける。この政治の合理性を理論化したのが、マキアヴェッリの『君主論』。イタリアは激動の時代に入ったのである。

キリスト教界の首長としてのアレッサンドロ六世は、メディチ家を追放した後のフィレンツェに神権政治を樹立しようとした説教僧のサヴォナローラからの批判を浴びる。世俗の堕落に染まった聖職者の代表、と決めつけられたのだった。しかし、神の教えに忠実な政治の有効性は信じなかった法王ボルジアだが、フィレンツェ人の気質もよく知っていた。正面きっての対決に訴えるよりも、サヴォナローラの自壊を待ったのである。四年後にフィレンツェは、サヴォナローラを処刑した。

このボルジアの父と子が関係をもったルネサンスの芸術家は、父のほうはピントゥリッキオ。ピントゥリッキオ描く壁画も美しい一郭は、「ボルジアのアパルタメント」と呼ばれて今も法王宮内に健在。子のほうは、ロマーニア公国を創設してイタリアの風雲児になった時期に関係をもった、レオナルド・ダ・ヴィンチ。この二人以外には、特筆に値する人はいない。

ジュリオ二世（一五〇三―一三年）――俗名はジュリアーノ・デッラ・ローヴェレ。サヴォーナ出身。シスト四世の甥。この法王は羊飼いの杖を剣に持ちかえたような人で、カンブレイ同盟を結成してはローマの意に従わないヴェネツィア共和国を攻めたと思ったら、一転して神聖同盟を結成することで昨日の敵ヴェネツィアと組み、昨日までの味方であったフランスをたたくという、意気軒昂な法王庁政治をした人だった。神聖同盟のスローガンは「蛮族は外へ《バルバリ》！」で、フランス王は蛮族にされてしまったわけだが、どちらが蛮族かはわかったものではないというのが、同時代の有識者の評価。だが、かほども気力が旺盛な人であっただけに、関係をもった芸術家も大型になったのだった。誰もが知っている人物をあげるだけでも次のようになる。

一五〇八年、三十三歳のミケランジェロ、システィーナ礼拝堂の天井一面に、圧巻と評するしかない「天地創造」を描きはじめる。

同じ年、二十五歳のラファエッロ、今では「ラファエッロの部屋《スタンツェ》」と呼ばれている一郭のすべての壁面を使って、これまた圧巻と言うしかない壁画の制作に着手する。

ジュリオ二世

教養があるわけでもなく立居振舞が洗練されているわけでもなかったジュリオ二世だが、若い芸術家の才能を見出す能力では見事であったとするしかない。温和な性格のラファエッロとは良好な関係を保持できたようだが、人一倍気が強くて頑固なミケランジェロとは、始終衝突していたようである。システィーナ礼拝堂に入った法王が高い柵の上で制作中の芸術家に向って、「完成はいつかね」と問えば、天井からはミケランジェロの、「完成したとき！」という素気ない声が降ってきたというエピソードは有名。それでも「天地創造」は、ジュリオ二世の生きていた間には完成した。ラファエッロ描く壁画がすべて完成するのは、次の法王のレオーネ十世の時代になってからである。

法王ジュリオ二世がミケランジェロに委託した仕事の量の多さからも、この二人は気質が似通っていたのにちがいない。二人ともが、独創的な何かを創造するのに、お互いを必要としていたのであった。

レオーネ十世（一五一三―二一年）――俗名はジョヴァンニ・デ・メディチ。「偉大なるロレンツォ《ロレンツォ・イル・マニーフィコ》」の次男。フィレンツェ出身。メディチ家の学問芸術への愛を、ヴァティカンにもちこんだ人。

この法王の治世に、短期間にしろローマにはレオナルド、ミケランジェロ、ラファエッロの三人ともが滞在し、法王宮殿内で創作に従事する。二人の大先輩を心から尊敬していたラファエッロは、壁画の一つの「アテネの学堂」を描くとき、中央に立たせたプラトンとアリストテレスの顔を、前者はレオナルド、後者はミケランジェロに似せて描いたと言われている。メディチ法王は、これまた父ゆずりの古代の美術品の収集にも熱心だった。この法王から、遺跡発掘の総監督に任命されたラファエッロの指揮下、ローマではじめての本格的な発掘作業が行われる。現在のヴァティカン美術館所蔵の古代美術は、レオーネ十世が音頭をとってはじまった、そしてそれ以後も歴代の法王たちに受け継がれた、遺跡発掘作業の成果であり、古代のギリシアやローマを異教の世界と断じて忌み嫌っていた中世のキリスト教世界も、その本山であるローマの法王庁においてすら完全に過去になったことを示している。

レオーネ十世は、あらゆる面でメディチ家の男だった。芸術が、政治面でも有効であることを知っていた。フランス王との講和の会議の場に、レオナルドとミケランジェロとラファエッロの三人を同道する。効果はてきめんで、ルネサンス芸術の愛好者を認じていたフランソワ一世はたちまち軟化し、敗者であったはずのレオーネ十世は有利な講和を結ぶことができたのだった。とはいえ、大軍を擁したフランスの王を軟化させる策はもう一つあって、それは、法王庁所蔵の古代彫刻の傑作ラオコーンの群像。ただし、原作をフランス王に贈るのはもったいないと、模像をつくらせていたのだが、どうやらフランス王の芸術愛好は古代にまでは及んでいなかったようで、この贈物はレオーネの手許に残った。現在はウフィッツィ美術館に所蔵されているものがそれ。また、フランソワ一世のイタリア人芸術家崇拝は、前任者のルイ十二世の影響かレオナルド一人に向けられたようで、このときの出会いがレオナルドに、フランスで生涯を終らせるきっかけになった。

レオーネ十世

人間は、個性が強ければ強いほど、その人の好みがはっきりと出る。華麗と優美を好んだレオーネ十世には、執拗なまでのレオナルドの探究心は疎《うと》ましく映ったであろうし、何よりもこの巨匠はいっこうに絵を描いてくれなかった。また、前任者のジュリオ二世とは完璧に呼応できたミケランジェロの雄大な画風も、レオーネの趣向とは合致するとはいえなかったようで、このレオーネが最も愛したのがラファエッロ。ラファエッロが三十七歳の若さで世を去ったときは哀切のあまり、古代のローマでは神々の殿堂であったパンテオンに葬ることを許す。今も遺るラファエッロの墓棺には、これまた優雅な文体でレオーネから愛され枢機卿にまでなった文人のピエトロ・ベンボの作になる、次の墓碑銘が刻まれている。

――ラファエッロ、ここに眠る。生きていた頃は、自然が恵んだあらゆることの偉大な母であり、自然でさえも彼の前には敗北したと思われたほどだが、彼が死んでみると、自然もまた死んでしまったかのように思われる――

この前年には、レオナルドも、遠くフランスの地で世を去っていた。一人生き残り、しかも精力的に創作をつづけていたのはミケランジェロただ一人。

しかし、ルネサンスの花をローマで咲かせるのは、膨大な資力を必要とすることでもあった。とはいえ、メディチ銀行が倒産することでメディチ財閥も解体した状態では、私財を使おうにもそれがない。法王レオーネは、免罪符なるものを売り出すことを考えつく。金貨を入れてチャリンと音がすると、入れた者の死後の天国の席は予約完了というわけ。このようなことに欺《あざむ》かれるイタリア人はいなかったが、ドイツの素朴な善男善女は騙《だま》されたのである。もちろん、天国の席の予約代金はローマに送られ、ミケランジェロ設計の聖《サン》ピエトロ大寺院やラファエッロ描く傑作や、レオーネ十世の華麗な生活に化けたのである。これに憤慨したのがマルティン・ルターで、ルターは法王に抗議《プロテスト》し、プロテスタントたちはローマのカトリック教会からの分離を宣言した。狂信的なところはまったくなかったレオーネ十世だったが、ルターを破門に処すことでプロテスタント運動の失墜を謀るが失敗。キリスト教世界を二分する宗教改革が、ついに火を噴いたのであった。ラファエッロの死の年である一五二〇年は、ローマの法王庁にとっても多難な年であったのだ。

この後、在位わずか一年のオランダ出身のアドリアーノ六世をはさんで、法王位は再びイタリア出身者にもどる。

クレメンテ七世（一五二三―三四年）――俗名はジュリオ・デ・メディチ。パッツィの陰謀で命を落としたジュリアーノが残した私生児をロレンツォが引きとり、実子同然に育てた後は聖職界に入れた人物だが、当時のイタリアでさえも庶子の出がハンディにならなかったのが、聖職の世界であったからである。法王の実子といえども法律上では私生児というのが当時のローマ法王庁であり、ジュリオもフィレンツェの司教に出世する。その後、従兄《いとこ》のジョヴァンニがレオーネ十世として法王になったときに、枢機卿に任命された。ゆえに、フィレンツェ出身の法王。

北の国オランダはユトレヒト出身のアドリアーノ六世が法王位にあった一年間のローマは、年代記作者によれば「火が消えたよう」であったらしいが、クレメンテ七世の登位によって再び活気がもどってくる。レオーネ十世の時代には「ヨーロッパでは最もブリリアントな宮廷」と言われたローマの法王宮も、再び古典学者や芸術家が互いの才能を競い合う場にもどった。

しかし、二人目のメディチ法王には、政治上の才覚《センス》が欠けていた。イタリア以外のヨーロッパが、国際政治の変革期を迎えていることに注意を払わなかったのである。四年前にスペイン王のカルロスが、ハプスブルグ家の血を引くことから神聖ローマ帝国の皇帝位を継ぎ、ドイツとスペインをともに支配するという強大な権力の持主になっていたことの重要性を悟らなかったのだった。同盟とは、弱者同士が協力して強者に向う策であり、この政略が有効な時代はある。だが、いかに優れた政策でも、時代に適合しなければ有効ではない。フィレンツェの司教職にあった時代にマキアヴェッリとは意外にも親しくしていた人なのに、マキアヴェッリが説いてやまなかった「時代性《ネチエシタ》」は理解しなかったようである。神聖ローマ帝国皇帝カルロスに対抗して打ちあげた神聖同盟の結果は、一五二七年の「ローマ掠奪《サッコ・ディ・ローマ》」。法王庁国家の首都であるローマは、皇帝配下のドイツ傭兵軍に攻略され、強奪と破壊と殺害と焼き打ちの一週間を耐え忍ぶしかなかった。クレメンテ七世は、枢機卿たちとともに法王宮を離れ、城塞化してあったカステル・サンタンジェロに逃げて難を免れる。法王を守って闘ったスイス人の傭兵は、このときに全員が討死した。

システィーナ礼拝堂は兵士たちの雑魚寝《ざこね》の場に一変し、ラファエッロの壁画のある一郭は馬小屋と化し、法王たちの墓所は盗掘された。このまったく無秩序な占領軍にはさすがにスペイン側も驚き、スペイン軍の高官は皇帝に次のような手紙を送っている。

「全ローマは破壊されました。聖《サン》ピエトロ寺院も法王の宮殿も、今や兵士と馬の居場所になってしまいました。われわれの隊長オランジュ公は、兵士たちに秩序をとりもどさせようと努力されましたが、もはや野盗の群と化した傭兵どもをどうすることもできません。ドイツ人の傭兵たちはそれこそ、法王庁に何の尊敬もいだかないルーテル教徒とはこのようなものと思われるように野蛮に振舞っています。多くの貴重品と芸術品は、破壊され盗まれました」

ローマを襲ったこの悲劇を伝え聴いたエラスムスは、友人でもあった枢機卿のサドレートに、次のような手紙を送ってきた。

「ローマは、単にキリスト教徒のためだけの都ではありません。貴族的で高貴な精神と芸術の女神ミューズの住む、われわれの母のような存在です。このたびの悲しい知らせを、わたしは深い弔《とむら》いの心で受けました」

周囲を崖に囲まれていることから防備万全の中伊の小都市オルヴィエトに避難し、ローマを統治者不在にしてしまった法王クレメンテ七世だが、皇帝カルロスとの和解の道は探っていたのである。カルロスのほうにも、法王と和解する必要はあった。キリスト教社会の俗界の最高位者である神聖ローマ帝国皇帝の位を名実ともに確実なものにするには、ローマ法王による戴冠式を欠くわけにはいかなかったのだ。「ローマ掠奪」の三年後、ボローニャで会談した二者の間で講和は成立した。カルロスは帝冠を頭上にし、クレメンテ七世は、実家のメディチ家がフィレンツェの支配者の地位にもどるに必要な助力を皇帝に約束させる。その年、メディチ家の復帰を拒否していたフィレンツェは皇帝の軍によって攻略され、フィレンツェは共和国から、皇帝保護下の公国に変わった。法王クレメンテ七世は、私生児との噂が高かったアレッサンドロが、カルロスから正式に公爵の位を授けられたのを見とどけて死ぬ。

パオロ三世（一五三四—四九年）——俗名はアレッサンドロ・ファルネーゼ。ローマ出身。

王の離婚が原因でヘンリー八世と衝突したあげくにイギリスのキリスト教徒はイギリス国教会を設立してローマから分離したり、反動宗教改革では最も戦闘的なイエズス会を公認したり、これまた反動宗教改革の理論武装の場となるトレント宗教会議を主催したりと、カトリック教界の首長としてもきわめて精力的であったファルネーゼ法王だが、同時にこの人は、ルネサンス最後の法王と言われるようになる。現代のローマにバロックの都の印象が強いのは、「ローマの掠奪」によって破壊されたルネサンス様式の建造物を改築せざるをえなく、改造するならばいっそのこと新様式でとなり、台頭しつつあったバロック様式になったという事情がある。このローマで今でもルネサンス様式のままで残っている建造物の代表例は、ヴェネツィア広場《ピアッツァ・ヴェネツィア》の南面を占めている「ヴェネツィア宮」。ヴェネツィア出身の法王たちの私邸であったところからローマ駐在ヴェネツィア大使も公邸として使っていたために、今でもその名で呼ばれている。それに、シエナ出身の銀行家キージの屋敷だった「キージ宮」。これらに加え、主としてミケランジェロの設計になる、法王とその息子のアレッサンドロ・ファルネーゼ枢機卿の邸宅としてつくられた「ファルネーゼ宮」ぐらいしかない。現在の「ヴェネツィア宮《パラッツォ・ヴェネツィア》」は美術館、「キージ宮《パラッツォ・キージ》」は首相官邸、「ファルネーゼ宮《パラッツォ・ファルネーゼ》」はフランス大使館として使われている。イタリアではテレビや新聞も、首相官邸とかフランス大使館とか言わずに「パラッツォ・キージ」「パラッツォ・ファルネーゼ」で通している。

このファルネーゼ法王の治世の十五年は、ルネサンスの巨匠の中では一人残ったミケランジェロにとっては、五十九歳から七十四歳の時期に該当した。年齢ならば老年でも、ミケランジェロは老人ではなかった。そのミケランジェロに、法王は数多くの制作を依託する。ファルネーゼ宮の設計は私的な仕事だったが、これ以外のすべては公共の事業だった。

一五三五年、もともとは前任者のメディチ法王の考えであったのを継承したファルネーゼ法王は、六十歳になっていたミケランジェロに、システィーナ礼拝堂に唯一残った壁面のすべてを使って、「最後の審判」を描くよう依頼する。天井の全面に「天地創造」を描いた当時のミケランジェロは三

ファルネーゼ宮（ルネサンス様式）

ポーリ宮（バロック様式）

十代。それゆえか完成には三年しか要しなかったが、「最後の審判」には六年かかった。巨匠、最後の力をふりしぼったという感じの力作。だがこれで、「システィーナ礼拝堂」のルネサンス絵画の殿堂化も完了したのである。

一五三八年、いまだ「最後の審判」の制作途上というのに、法王はミケランジェロに、廃墟のままで放置されていたカンピドリオの丘の再開発を依頼する。六十三歳のミケランジェロは、ローマの七つの丘の一つとして有名なこの地の改造を、中央にマルクス・アウレリウス帝の騎馬像を配した広場と、その背と左右に立つ三つの建造物、そして残る一面はヴェネツィア広場に降りてくるゆるく広い階段の総合体として設計した。古代の皇帝の騎馬像は、長く聖ラテラノ寺院前の広場に放置されていたのだが、それを活かそうと考えたのだった。ローマ帝国がキリスト教の国家に変わった当時、ローマには皇帝たちの騎馬像が少なくとも二十二体は残っていたと言われているが、一体だけを残して他はすべて破壊されていた。キリスト教徒たちがローマ皇帝を敵と見ていたからで、一体のみが生き残れたのは、キリスト教を国教に定めたコンスタンティヌス大帝と思われていたからだ。それが、哲人皇帝とも言われたマルクス・アウレリウスとわかった頃は、異教徒の遺したものという理由で古代ローマにかぎらずギリシアの芸術品までが破壊されテヴェレ河に投げ捨てられ、銅像ならば溶解して何か別物に化けてしまった時代も過去になっていた。ただし、憎悪は失せても無関心の時代は長くつづく。マルクス・アウレリウス帝の騎馬像は、その後長く放って置かれたのである。それを、一千三百五十年の後に、ミケランジェロが生き返らせたのだった。現在ではこの像は、狂信的なキリスト教徒から守るのではなくて大気汚染から守るために、同じくミケランジェロ設計になるカンピドリオ広場に接する美術館の中に、ガラス越しに大切に保存されている。ミケランジェロによって居場所が与えられて以来四百六十年以上も騎馬像が置かれていた台座の上には、ミケランジェロが見たら怒り狂うにちがいない、出来の悪い模像が乗っている。ただし、台座ならば真物で、依頼主としてのファルネーゼの名は今でも読み取れる。

まったく、法王たちは死んでもミケランジェロは生きているという感じだが、一五六一年というから、法王庁もピオ四世の治世。ローマも、宗教改革によって勢威を半減してしまったカトリック教会をもう一度強大にしようと努める、反動宗教改革の真只中にあった。法王ピオ四世は、ディオクレティアヌス帝の大浴場の遺跡に、キリスト教の教会を建設しようと考える。ディオクレティアヌスとは四世紀初頭のローマ皇帝であった人で、最もシステマティックにキリスト教徒を迫害したローマ皇帝としても知られていた。伝説では、この大浴場の建設には四万人のキリスト教徒が、強制労働に駆り出されたという。だからその場に、キリスト教の勝利を再確認するための教会を建てるというのが法王の考えだった。

もちろん、このような記念的意味をもつ仕事を依頼するにふさわしいのは、神の如き、という形容詞を冠されていたほどに高名になっていたミケランジェロを措いて他にない。八十六歳になっていた巨匠も、法王の依頼を受ける。

「サンタ・マリア・デリ・アンジェリ・デイ・マルティィリ」直訳すれば、「天使と殉教者の聖母マリア教会」と名づけられたこの教会は、実に変わった構造になっている。普通は教会建築は縦十字形だが、これだけは横十字形。しかも、教会の正面は平面でなく、古代ではエセドラと呼ばれていた半円

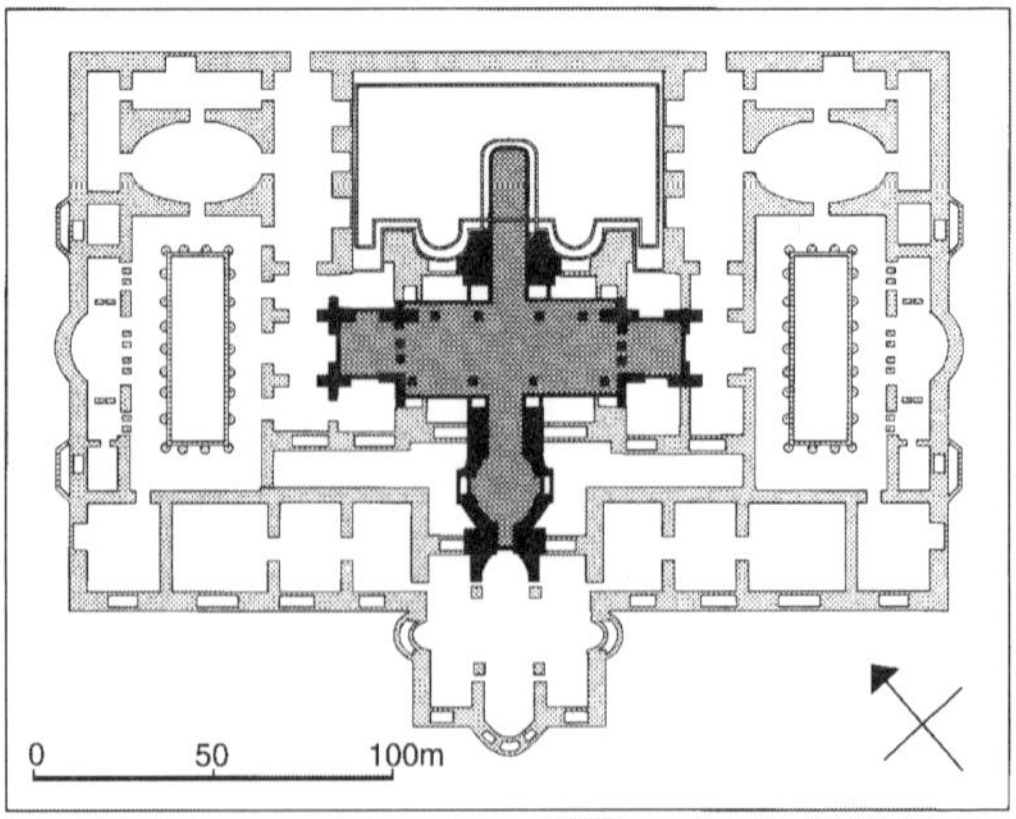

ディオクレティアヌス帝大浴場。■の部分が、「天使と殉教者の聖母マリア」教会

形になっている。それはミケランジェロが、ディオクレティアヌス帝の大浴場の中央部分を、完全にそのままの形で残したからだった。おかげで今では、古代ローマの大浴場《テルマエ》の空間感覚を追体験したければ、遺跡の規模では完全でも遺っているのは壁と床でしかないカラカラ帝の浴場よりも、この教会の中に立つほうがずっと役に立つ。「最後の審判」のキリスト像を、筋骨隆々たる裸体で描いたミケランジェロである。この人の手にかかると、キリスト教の勝利の記念も、異教徒だった古代の建築家を記念するものに変わってしまうのだ。ミケランジェロは、この三年後に死んだ。

ミケランジェロ最後の作品であるという理由か、それとも、ルネサンスと古代ローマの融合の象徴としてか、この「天使と殉教者の聖母マリア《サンタ・マリア・デリ・アンジェリ・ディ・マルティイリ》」教会は、現代のイタリアでは政府主催の国葬の場として使われているのです」

「ルネサンス法王をピオ二世からパオロ三世までとすれば、一四五八年から一五四九年までの九十年間で、この間に九人の法王が入れ代わった。そのいずれもが、神の代理人であらねばならないはずの、それゆえに信徒たちを導く羊飼いを務めるのが任務のローマ法王の像からは、大きくはずれている感じがします。言い換えれば、あらゆることはやったしそれを出来る能力もあったが、迷える羊を導くことだけはやらなかった法王たち、という感じがしてならないのです」

「あなたが感じられるとおりでしょう。しかし、映画『第三の男』の終り近くで、オーソン・ウェルズ扮する「第三の男」が言う台詞《せりふ》がある。一字一句は覚えていませんが、大意ならばこんな感じでした。「ルネサンス時代のイタリアは、ボルジアとかの悪がはびこり激動の世界であったにかかわらず、偉大なるルネサンス文化を創り出した。清く平穏なスイスは、鳩時計を創っただけではないか」

悪を弁護しているのではありません。ただ、覇気とか活気とか気力とかは、善悪には関係なく発揮される性質をもつ。それに、野の百合とソロモンの栄華がともに存在するのが、人間世界の現実でもあるのです」

「あなたはフィレンツェの部でも、学芸の興隆は経済力の興隆があってこそだと言われました。だがローマの法王庁は、フィレンツェの経済人たちとはちがって富を産む人でも組織でもない。そのローマでも経済力が興隆したのならば、その要因は何であったのでしょうか」

「キリスト教徒には昔から、収入の十分の一を教会に納めることが義務づけられています。貧しい人への援助がその理由ですが、「十分の一税」という通称が示すように、収入が増えれば税収も増えるというシステム。ローマ帝国滅亡後の「暗黒の中世」も、人口のゆるやかな増加に表われているように、一千年の間には経済力もゆるやかながら向上していた。これだけでも、自然増収のはずです。また、中世時代の修道院は、神に祈る場だけでもなく古典の写本をする場だけでもなく、暗黒時代の中世では農業経営者でもあった。ローマによる平和（パクス・ロマーナ）が失われて以後、襲ってくる盗賊怖ろしさに農民は逃げ去り荒地と化していた農耕地に、再び犂《すき》を入れはじめたのは修道士たちです。イタリアの葡萄畑の所有者台帳をたどっていくと、ほとんどと言ってよいくらいに修道院につき当たる。そして、修道士がはじめたにせよ耕作が可能になれば、農民ももどってきます。農産物も増える。農産物が増えれば、農民も産んだ子を育てていけるようになる。修道院の多くが城塞でもあるかのように堅固な造りになっていたのも、盗賊が襲ってきたときに農民たちが逃げこめる場でもあったからです。

こうして、修道院所有の農作地の生産性が向上すれば、それら全体の〝地主〟でもあるローマの法王庁の資力もあがる。また、中世も後期になれば、農業にかぎらず社会全体の経済が活性化していたのだから、収入の十分の一を納めることになっている教会税の税収も増える。ローマ法王庁の資力が、人口増に比例する形で増大していったのも当然でしょう」

「しかし、金《かね》ができれば学芸に関心をもつとはかぎりませんよね。学問や芸術にまったく無関心な金持はたくさんいます」

「まったくそのとおりで、人間とか、その人間で成っている歴史は、数字をあげるだけでは説明不可能な現象が多いのです。

生命力《ヴァイタリティ》ならば、子供でももっている。いや、若いうちのほうが生命力は旺盛でしょう。しかし、それに意志の力が加わってくると、やる気ないし覇気に変わる。これをラテン語ではヴィルトゥス

（virtus）と言い、イタリア語ではヴィルトゥ（virtù）となって、徳、長所、力量、能力、器量などを意味する言葉です。生命力ならば自然が与えたものだが、ヴィルトゥスとなると人間の意志力の成果、というわけ。生命力ならば誰でももっているが、ヴィルトゥスとなると誰にでも恵まれるとはかぎらない、ということですね。マキアヴェッリは、この「ヴィルトゥ」は民族間を移動するのだ、と言っています。古代ならばギリシアからローマへ、ルネサンス時代にはフィレンツェからローマへ、というように。なぜ移動するかの要因の一つが、経済力なのです」

「それ以外の要因は何ですか」

「やはり、知りたい見たいという欲望でしょうね。ユリウス・カエサルの次の言葉を、もう一度思い出してみてください。

――人間ならば誰にでも、現実のすべてが見えるわけではない。多くの人は、見たいと欲する現実しか見ない――

人間性の現実を見透したカエサルにして言える言葉ですが、「多くの人」の一人であるわれわれでは絶望かというと、まったくそうではない。多くの人でも見たいと欲する現実ならば見えるのだから、要は、見たいと欲するか否か、であるにすぎない。つまり、見たいと欲しさえすれば、見えてくるということです。しかも、知りたい見たいという欲望は、ルネサンスの根源です。フィレンツェに次いでローマも、このルネサンス精神に染まったということですね。

そして、いったん染まれば、ルネサンス精神の引火点が古代復興なのだから、この面ではローマは、フィレンツェよりも断じて有利になる。フィレンツェの学者や芸術家たちが、ローマを訪れたりメディチ家の購入した古典を読んだり芸術品を見たりして古代の精神を再発見したのに比べれば、ローマではそれらは身のまわりにころがっているからです。そしてそれらの「古代」は、今までは見たいと欲しなかったから見えなかったが、見たいと欲しさえすれば見えてくる。見えるということは、このような場合では、それらの素晴らしさに目覚めるということです。

キリスト教徒を最初に迫害したローマ皇帝だからと忌み嫌っていたネロの宮殿（ドムス・アウレア）跡に遺る壁画も、たとえ部分しか遺っていなくても偏見を捨てて眺めれば、古代にすでに存在した遠近法の重要さが納得できてくる。それまでは建築材をとりはがしてくる場としてしか考えていなかったコロッセウムも、改めて見れば、その構造の合理性と機能上の配慮には感心するしかない。テヴェレ河に投げ捨てられていたのを拾いあげた神像も、鼻の部分がどれも切りそがれているため道端に捨てたままにしておいた彫刻も、よくよく眺めれば、河泥でできたしみも鼻が欠けているのも気にならなくなり、白く輝いていたかつての大理石の傑作を眼前にする想いになってくる。日本語には、ものごとをはっきり見わける鋭い心の働きを意味する「心眼」という言葉がありますが、ルネサンス精神とは、人間がこの心眼を、再びわがものにしたということなのですよ」

「心眼の会得はわかりましたが、それもフィレンツェとローマではちがいはあるのですか」

「実に簡単に分類してしまえば、フィレンツェ的心眼の象徴的存在はレオナルド・ダ・ヴィンチ、ローマ的心眼の代表はミケランジェロ、と言えるかもしれません。とはいえこの双方の意味とも、言語で表現することは大変にむずかしい。この二人の遺した「作品《オペラ》」を見てもらうしかありません。ただし、レオナルドはどこにいようとレオナルドであれたと思うけれど、ミケランジェロは、ローマにいたからこそミケランジェロに成りえた、とは言えると思いますね」

「ルネサンス時代のローマがミケランジェロをつくった、ということですか」

「と同時に、ミケランジェロがルネサンス時代のローマをつくった、ということでしょう。

二十世紀アメリカの作家のマーク・トウェインがローマを訪れて書いた文の一部ですが、ローマを訪れて心眼を会得した文人芸術家はゲーテを筆頭に数限りなし、と言ってよいくらいに多いのですが、『トム・ソーヤーの冒険』の著者ともなると印象記もユーモラスになる。彼はこんなことを書いています。

――今朝はすこぶる気分がよい。なぜなら昨日、ミケランジェロはすでに死んだ人であると知ったからだ――

まったくローマでは、どこに行ってもミケランジェロの手を感じてしまう。創造を仕事にしている者にとっては、いやあ何でも創ってくれた人だけどもう死んでしまった人だからこれ以上は創れない、とでも思わなければたまったものではないのですよ。とは言っても、五百年昔にはミケランジェロも、数多の古代の傑作を眼前にして思ったでしょうね。すごいものを創ってくれたけれど、彼らはすでに死んでいるからこれ以上は創れない。だが自分は生きているからまだ創れる、とでも。実作者が実作者に捧げる讃辞の最高は、やれやれ死んでくれていてよかった、なのですよ」

「そのローマのルネサンスも、ミケランジェロが舞台を去るのと行動をともにするかのように衰微する。その原因はやはり、宗教改革ですか」

「私が大学生であった当時の日本のルネサンス学界で支配的であった意見は、ルネサンスは宗教改革を伴わなかったから精神運動としては不完全である、というものでした。私自身はどうにもそれに納得がいかなかったのですが、大学生では勉強はまだ不充分。卒業論文でも、どうもおかしいとは思うけれどそれを実証する論拠をもてなかったのです。しかしその後、幾つかのルネサンス関係の作品を書いていくうちで、少しずつ確信がもてるようになった。ルネサンスと宗教改革は本質的に別のものであって、それゆえにルネサンスは、宗教改革を伴わなかったから精神運動としては不完全であるということにはならない、と確信できたのです。

このような場合の論拠は一つであっては不充分ですが、ここでは一例だけ引きましょう。マキアヴェッリとルターです。マキアヴェッリは一四六九年に生れて一五二七年に死ぬ。ルターは一四八三年生れで没年は一五四六年だから、この二人は同時代人と思ってよい。そしてこの二人は、中世の指導的考え方であったキリスト教によっても人間性はいっこうに改善されず、人間世界にはあいも変わらず悪がはびこっているが、それはなぜなのか、また、この現状を打開する道はどこに求めるべきか、という問題と真剣に取り組んだ点でも同じであったのです。

そこでイタリア人のマキアヴェッリは、次のように考える。

一千年以上もの長きにわたって指導理念でありつづけたキリスト教によっても人間性は改善されなかったのだから、不変であるのが人間性と考えるべきである、ゆえに改善の道も、人間のあるべき姿ではなく、現にある姿を直視したところに切り開かれてこそ効果も期待できる、と。

一方、ドイツ人のルターの考えは、簡単にまとめれば次のようになります。

一千年余りのキリスト教社会が人間性の改善に役立たなかったのは、キリスト（つまり神）と信徒の間に聖職者階級が介在したからであり、キリストの教えが人間性の改善に役立たなかったのではなく、堕落した聖職者階級が介在したがために役立てなかったのだ、それゆえに改善の道も、聖職者階級を撤廃し、神と人間が直接に対し合うところに求められるべきである、と。

カトリック教会とは、ローマ法王を頂点として枢機卿、大司教、司教、司祭、修道士から成る聖職者階級が、神と信徒の間に介在する組織です。教典（つまり聖書）を信徒に説き教えるのが、聖職者階級の存在理由であり、ルターの提唱したプロテスタンティズムとは、この種のフィルターは不必要としたところに特質があった。

マキアヴェッリもその一人であるイタリアのルネサンス人は、聖職者階級の世俗化に盲であったのではない。ただし、地理的にも十字軍運動をより冷徹に見きわめることのできた彼らは、フィルターが介在しない場合の危険性にもより鋭敏であったのです。

ほんとうのところは、神は何も言わない。神が何か言ったとは、信者がそう思ったから、にすぎない。宗教のプロである聖職者階級が間に介在していればフィルターを通すか通さないかを適当に判断するから、信者が神の声を聴いたなどというような事態は起りえない。ところが、フィルターなしだとそれが起りやすい。神と信者が直接に対し合うということは、信者の想いはイコール神の想い、になりやすいからです。

十字軍とはそもそも、人口が増加したヨーロッパに増えた人口を養っていける余地がなく、食べていけなくなった人々が武器を手にどっとパレスティーナにくり出したのが発端ですが、単なる難民では意気があがらない。このような場合は必ず理論武装が求められるもので、宗教はこのようなことにはすこぶる適しているときている。ヨーロッパの難民はそれを、聖地奪回に求めたのです。キリスト教の聖地を異教徒イスラムの手から奪回するのは神が求めていることであり、その神の意に従うのがキリスト教徒のつとめである、と。この十字軍のスローガンは、「神がそれを望んでおられる」であったのでした。聖職者階級が介在してさえ、このようなことは過去に起った。それさえも介在しなくなったら、信者の想いはイコール神の想い、はそれこそ放任状態になる。マキアヴェッリは、悪を廃絶した後に生ずるより危険度の高い大悪よりも、許容限度の悪ならば残すことによって大悪を阻止するほうを選んだのです。

これは何も、マキアヴェッリ一人に限った考えではありません。ルネサンス時代の知識人の教会批判は激烈ですが、同時代人の一人であったエラスムスにも見られるように、聖職者階級の批判はしてもその廃絶は唱えていない。この人々が、ルターよりは穏健であったのではないのです。ルターに比べればこの人々は、人間の善意なるものに全幅の信頼をおくことができなかっただけなのです。マキアヴェッリは、これこそが人間性の真実であるとして、ユリウス・カエサルの次の言葉を引用しています。

——どんなに悪い事例とされていることでも、それがはじめられたそもそものきっかけは立派なものであった——

動機が良ければすべて良し、で突き進んだ人々が起したのが宗教改革ではなかったか、と私は思っています。とくに、ルターから五百年が過ぎた今の時代になっても、人間性はいっこうに改善されていない現状を見ればなおのこと。

以上が私の、ルネサンスと宗教改革の異質論の論拠ですが、ローマのルネサンスが衰微した原因は宗教改革か、というあなたの質問への答えも、同質論ではなく異質論をとった以上、直接の原因ではなかったが遠因ではあった、とならざるをえません。なぜなら、ルターの聖職者階級廃絶論には同調しなくてもルターの怒りには共鳴した人はルネサンス人にも多く、マキアヴェッリもその親友のグイッチャルディーニもエラスムスもそうだった。ローマ法王庁の内部でさえも似たような状態で、法王レオーネは一方でルターに破門を宣告しておきながら、このメディチ法王と枢機卿たちの会話にはルターがしばしば登場し、ルターの考えをめぐって自由闊達な議論が交わされているのです。このような自由こそがルネサンス精神の本質であったのですが、法王庁内部にさえも存在した自由闊達な雰囲気こそがプロテスタントをはびこらせたという、反動宗教改革派の憤慨を巻き起したのも事実でした。

反動宗教改革とは、カトリック教会内部に生れた危機意識の所産です。この考えに同調する人々にとっては、それが聖職者であっても、一五二七年の「ローマの掠奪」は、プロテスタントのドイツ兵によるカトリックの本拠ローマの破壊というよりも、ルネサンス色に染まったローマに下された神罰、ということになる。そして、ローマに二度と神罰が下されないようにするには、つまりはカトリック教会を危機から救い出すには、自由ではなくて締めつけが必要だと考え実行したのです。異端裁判の嵐が吹き荒れる時代になった。異なる考えも認めたのがルネサンスならば、認めることを拒否したのが反動宗教改革。これもまた、動機が良ければすべて良し、の一例ですね。ルネサンスは、反動宗教改革によって殺された、と私は考えています。そしてこの反動宗教改革の主役はもはや、イタリア人ではなくてスペイン人だった。

マキアヴェッリの著作は禁書になり、ミケランジェロの裸体のキリスト像には腰布が描き加えられ、ガリレオ・ガリレイは地動説を撤回せざるをえなくなる時代がやってきたのです。ルネサンスの最盛期とぴたりと重なるのがレオナルド・ダ・ヴィンチの生涯ですが、もしもそれが五十年ずれていたらどうなっていたでしょう。あれほども強くしかも科学的だった彼の探究心ならば、必ずや反動宗教改革下のローマ教会と衝突していたにちがいありません。異端裁判の犠牲にされるのを避けて、ヴェネツィアかアムステルダムにでも亡命していたかもしれない。いったん眼をつけたら絶対に有罪にしてしまう実績から、蛇と言われて怖れられていたのが異端審問官です。彼らの命ずる拷問の残忍さと陰惨は、動機の正しさを確信している人の成す悪がいかにすさまじいかをわからせてくれます。この異端裁判は、十六世紀半ばに突如発生したのではない。ヨーロッパの他の地方では行われていたのですが、その猛威がローマにまで及ぶようになったのが、法王庁が反動宗教改革派に占拠された十六世紀半ばからなのです。この、当時でさえも悪名高かった異端審問官の追及の手が及ばない地はヴェネツィアかアムステルダムのみ、と言われたのが十六世紀半ばであったのでした」

「それで、ルネサンスも、ローマからヴェネツィアに移動したというわけですか」

「歴史的にローマの法王庁とは距離を置くことでも知られていたヴェネツィア共和国ですが、ローマが求めた異端審問のための機関設立までは拒否していない。異端審問委員会の設立は認めています。ただし、この委員会は、他の国々のように聖職者のみによって構成されるのではなく、共和国側の人間、つまり俗界の人間も加わるよう定めたのです。そして、異端審問委員会の会則のほうも、委員の一人が退席でもしようものなら流会になると定めた。

こうなってはヴェネツィアでの異端審問は、聖職界側の誰かが市民の名をあげて異端裁判にかける理由の説明をはじめるや、委員になっている元老院議員が席を立って退室する。ヴェネツィアは、反動宗教改革に表立って反対したのではない。ただ単に、〝流した〟のです。だがこのやり方のおかげでヴェネツィアは、反動宗教改革の吹き荒れるヨーロッパの中で、数少ない避難港でありつづけられたのでした。ルネサンスも、このヴェネツィアに避難してくる。一世紀前には戦乱を避けて、イタリアの各地から職人たちがヴェネツィアに避難したように」

第三部　キアンティ地方のグレーヴェにて

「ローマからヴェネツィア行きの汽車に乗ったからそのままヴェネツィアへ向うのかと思っていたら、あなたはわたしを促してフィレンツェで途中下車しました。ところが、フィレンツェをもう一度見てまわるのかと思ったらそうでもない。駅前から乗ったタクシーは街の中心には向わずに郊外への道をとり、今われわれがいるのは、トスカーナの丘陵地帯の村の広場です。なぜ、このような田舎にわたしを連れてきたのですか」

「ここはフィレンツェから南に三十キロ足らずで着ける村で、村の名はグレーヴェ。キアンティ地方の真中にあり、現代では葡萄の収穫の後に毎年開かれるキアンティ・ワインのお祭りも、この広場で行われます。だが、ここにあなたをお連れしたのは葡萄酒を飲ませるためではない。銅像が一つ、広場の中央に立っているでしょう。あれは誰だと思いますか」

「キアンティ・ワインの振興にでも功績があった人ですか」

「今ではグレーヴェはキアンティ地方の葡萄酒の心臓《クオーレ》と言われているけれど、あの人はワインとは関係ありません。あの人の名は、葡萄酒とではなくアメリカ合衆国と深く結びついている。ニューヨークのハドソン河が海に流れこむ直前に、ステーテン島とブルックリンを結ぶ橋がかかっているでしょう。あの橋の名は「ヴェラッツァーノ橋《ブリッジ》」。つまり、あそこに立っている銅像の人の名は、ジョヴァンニ・ダ・ヴェラッツァーノで、このグレーヴェで生れた人なのです」

「またなんで、キアンティ生れのイタリア人の名が、ニューヨークの橋の名になっているのですか」

「カナダからフロリダ半島までの北米大陸の東海岸を、船で踏破した人だからですよ。ただしここにあなたをお連れしたのは、あることを考えて欲しかったからです。

海を前にした地に生れた人ならば、船に乗って海に出て行くことも抵抗感なくやれるでしょう。生れたときから海を眺めていれば、海というものがときには陸地以上に、「断つ」ものではなく「結ぶ」ものであることが感得できるからです。ジェノヴァやピサ、ヴェネツィア、アマルフィがイタリアの海洋都市国家の雄になれたのも、これらの都市がいずれも海に面している事情と深く関係している。しかし、フィレンツェが海洋国家であったことは一度もない。ましてやそのフィレンツェからは三十キロも奥地に分け入ったグレーヴェに生れたヴェラッツァーノが、なぜアメリカくんだりまで足をのばしたのか。しかも、二度も。それどころか二度目の探検行では、原住民との争いに巻きこまれて命まで落としている。葡萄酒とオリーブ油の生産をもっぱらとする豪農の息子に生れたのだから、それで一生を終えていたのならば地方の名士の安穏な生活は保証され、寝床の上で安らかな死を迎えられたにちがいないのです。それなのになぜ、海に出て行ったのか。ところが、十五世紀から十六世紀にかけての時代、フィレンツェを中心にしたトスカーナ地方出身者で、海に出て行った人は意外にも多いのですよ。

何度でもくり返しますが、あくなき探究心こそが、ルネサンス精神の根源です。これが花開いた分野は、芸術や学問にかぎらない。政治でも経済でも、そして海運の世界でも、まったく同じであったのです。ためにルネサンス精神は、宗教改革よりも大航海時代のほうとより深く結びついている。その証拠には、宗教改革も反動宗教改革もイタリア人で関係した人はほとんどいないのに、大航海時代には、深く、そして多く関係しています」

「その大航海時代ですが、なぜ「大」つきで呼ばれるのですか」

「それは、それ以前の航海が、地球上の海の一部分でしか行われていなかったからです。

まずヨーロッパで言えば、十五世紀末までのヨーロッパ人が航行していた海は、地中海、大西洋の北東部、そしてバルト海ぐらいだった。アフリカ大陸の西岸部は、少しばかり海岸伝いに南下した程度。アメリカ大陸も、東海岸の一部のみが原住民のカヌーかいかだでふれられていたにすぎない。太平洋の北西部も、日本の沿海を除けば、定期的な船の往来があってこそ成り立つ航路はまったくなし。ヨーロッパ人がオリエントと呼んでいた東方世界でも、紅海からペルシア湾までの海域はペルシア人やアラブ人、それより東はインド人が、一線を引くのではなく互いが重なり合う感じで航行していたのです。昔に一度はアフリカの東部にまで達したことのある支那人も、十五世紀当時はフィリピンの南にまでは足をのばしていない。東南アジアの諸民族も、彼らの住む一帯の海域を舟で往来していただけで、インド洋の南半分は未踏の海域だった。このように海域ごとに孤立していた地球上のすべての海を互いに結びつけたから、航海に「大」をつけて大航海時代と呼ばれるのです。つまり、海域ごとのボーダーをはずしてしまったのだから、海のボーダーレス化でもあったのですね。この大航海時代の主人公たちを、その中でも有名な人のみに限定して名をあげるにしても、次のようになります。

まずポルトガル人のバルトロメオ・ディアスが、アフリカ大陸の西岸伝いに南下して喜望峰をまわり、インド洋に入るまでの航行を果す。一四八七年から八八年にかけて、この探検行は行われました。次いで一四九二年、スペインの女王イザベラの資金援助を得たイタリア人のコロンブスが、同じくアジアを目指しながらも航路は西にとり、大西洋を横断して西インド諸島に到達する。コロンブスはこの年から一五〇四年までの間ののべ八年間に、四回にわたる探検行を実施しています。この四回の探検行で彼が発見した地を列記すれば、バハマ諸島、キューバの東部と南部、トリニダッド、ヴェネズエラの海岸部、ホンドュラス、ニカラグア、パナマの地峡部にまで至っている。東アジア、つまり太平洋に抜ける道を、彼が探りつづけたことは明白です。それでもなおコロンブスは、自分が発見したのはアジアのどこかと思っていたようですが。

そして、一四九七年から九九年にかけて、ポルトガル人のヴァスコ・ダ・ガマが、喜望峰をまわってインドのカリカットに達する。アジアへの航路は、アフリカ大陸をまわる道ならば引かれたということです。

一方、コロンブスとスペインで知り合って刺激を受けた、ジェノヴァ生れのコロンブスとは同じイタリア人でもこちらはフィレンツェ出身のアメリゴ・ヴェスプッチは、一四九九年から一五〇二年にかけての二度にわたる航海で、まるでコロンブスにつづくように、まず南米大陸の北岸一帯、二度目の航海では大西洋を西南に向けて一気に船を進め、南米大陸の東岸部をなでまわすように踏破している。アマゾン河の存在をヨーロッパ人に知らせたのも、フィレンツェの名門ながら経済的には恵まれず、それゆえにメディチ家経営の〝商社〟のスペイン支店のサラリーマンでもあったこの人でした。

当時の公文書はラテン語で記されるのが普通であったので、コロンブスもアメリゴ・ヴェスプッチも、スペイン王との契約文書にはイタリア語の名でもラテン語式にして署名しています。それで、イタリア語ならばコロンボがコロンブスになり、アメリゴ・ヴェスプッチはアメリクス・ヴェスプッチになった。Americus が後に、America に転化したのです。またこの人は、発見したのはアジアの一部と思いこんでいたコロンブスとはちがって、自分が海伝いにしろ探検したのは新大陸であることを、薄々にしろ感じ取っていたらしい。新しい世界の意味であるラテン語の Mundus novus を、はじめて使ったのはアメリゴ・ヴェスプッチであったと言われています。

この二者の成功に刺激されてか、その後しばらくはスペイン人による中米と南米の海への探検行がくり返されるのですが、それを窮極にまでもって行ったのが、ポルトガル人マゼランによって一五一九年から二二年にかけて敢行された、南米大陸をまわって太平洋に抜けた大航海。後にマゼラン海峡と呼ばれることになるこの航路の発見によって、大西洋と太平洋とインド洋はついに結ばれたのでした。太平洋という名自体が、彼の命名です。荒れ狂うマゼラン海峡を通り抜けた船員たちにとっては、眼前に広がる大洋は太平な海に思えたのですね。そして、もはや未知の海ではなくなった大西洋を横断してきた船の舳先を、西や南ではなく北に向けたのが、キアンティ地方の村にすぎないグレーヴェ生れのヴェラッツァーノであったのです。

彼の探検行は、一五二四年と二八年の二回実施される。この二度の探検行でヴェラッツァーノは北米大陸の東岸部をすべて踏破するのですが、一度目の航海ですでに、ハドソン河が大西洋に流れこむニューヨークに達している。もちろん、ハドソン河もニューヨークも後代の命名ですが。とはいえ、アメリカ人もこの史実は忘れず、四百年後にその地にかけた橋に、発見者である彼の名を冠したのですね」

「なるほど。しかし大航海時代は、ヨーロッパ人による、アジアとアフリカと南北アメリカを植民地化した時代の幕開けと言われています。あくなき探究心から海に出て行ったこれらのルネサンス人も、所詮は植民帝国時代の幕を開けたにすぎないのではないですか」

「マルコ・ポーロをはじめとする陸上の探検行の先達の影響で、ヨーロッパ人が豊かな国と思いこんでいた支那や日本に達するのが目的ではじまったのだから、大航海も利権を求めての探検行であったのはまちがいありません。しかし、経済上の利益であろうと創造面での喜びであろうと、トクになる何かが人間を行動に駆り立てるもの。また、壁にかける程度の大きさの絵や一人でコツコツとやるしかない古典研究ならばスポンサーなしでもやれますが、探検行はお金がかかる。船も、三隻から五隻は絶対に必要です。船乗りだって、知った地に向う商船ではないのだから集めることからして容易ではない。船内備蓄の食糧も、補給の予定の立たない地への航海ゆえ常よりも多く用意しなければなりません。このような大事業は、スポンサーなしでは絶対にやれない。しかも、莫大な額の融資ができる人がいなければやれないことなのです。そして、これほどもの大金を融資できるほどの人ならば、見返りの期待なしにはお金を出さないのも人間性の現実。だから、単なる船乗りではなく、天文学、数学、地理に通じていてその上に航行技術のエキスパートであった大航海時代の主人公たちも、自身では探究心のほうが強くても、スポンサーには利益のほうを強調するしかなかったでしょう。映画の監督が制作会社を、絶対に客が入ると言って説得するのに似て。そして、これらの探検行のスポンサーが誰であったのかが、次の時代の性格を決定したのですね」

「この辺りの事情を、大航海時代の主人公たちを列記することでまとめてみましょう。

バルトロメオ・ディアス——ポルトガル出身——ポルトガル王が出資。

クリストフォロ・コロンブス——イタリア出身（ジェノヴァ）——出資者はスペイン女王。

ヴァスコ・ダ・ガマ——ポルトガル出身——ポルトガル王が出資。

アメリゴ・ヴェスプッチ——イタリア出身（フィレンツェ）——出資者はスペイン王。

フェルディナンド・マゼラン——ポルトガル出身——スペイン王の出資を受ける。

ジョヴァンニ・ダ・ヴェラッツァーノ——イタリア出身（フィレンツェ）——出資者はフランス王。

著名な人にかぎったとしても、大航海時代の主人公は右のようになります」

「ポルトガル出身者とイタリア出身者が三人ずつですが、彼らが敢行した大航海のスポンサーとなると、ポルトガルが二回、スペインが三回、フランスが一回の割合になる。イタリアは、人間は出しながら資金は出していませんね。なぜですか。イタリアの都市国家は、ジェノヴァもヴェネツィアも、新時代の波に乗り損ねたということですか」

「これらの大航海者とそのスポンサーの関係は、融資者が企画し資金も用意した探検行を、適格者と見た誰かに命じて行わせたのではありません。航海者のほうが、スポンサーに企画を売りこんで実現したのです。とはいえ出資はＯＫしたのだから、スポンサーの側にもそれに賭けるだけの進取性はあったということになる。アメリゴ・ヴェスプッチも、最初はヴェネツィアに売りこんだのです。だが、詳細に検討した末にしろヴェネツィア共和国政府は断わってきた。それで、スペイン王に売りこんで企画は実現したのでした。コロンブスが自国のジェノヴァに売りこまなかったのは、当時のジェノヴァはすでにスペイン王の支配下に入っていて、売りこみ先としては適していなかったからにすぎません。また、ヴェラッツァーノのスポンサーがフランス王のフランソワ一世であったのは、中米と南米への進出に積極的であったスペインに抗して、いまだスペインやポルトガルの勢力が及んでいない地域は北米しかなく、その北米進出に活路を見出そうとした、フランス王の意図と合致したからでした。

こうなると、イタリアの都市国家は、ヴェネツィアのような海洋都市国家の雄にしてなお新時代の波に乗り損ねたのか、というあなたの疑問が正当性を得てくるのですが、それに対する答えは、半ばは乗り損ねたと言えるかもしれないが、残りの半ばはそうではなかった、とするしかないんですね。

まず、これらの大航海の目的はいずれも、アジアへの商路の開拓にあったことは明らかです。しかし、商路や新市場の開拓となると、ヴェネツィアやジェノヴァやフィレンツェのイタリアの都市国家は、当時では明らかに先行国であった。彼らの活動区域が、地中海を中心にしていたとしてもです。一方、ポルトガルもスペインも、そしてフランスも、商路と市場の開拓ならば後発国。先行国には新たな開拓の必要はなくても、後発国にはあります。そして、後発国に残されていたのが、先行国が手をつけていなかった地域になるのも当然の帰結。それが、「ムンドゥス・ノヴス」(Mundus novus)、つまり「新世界」であったのですね。

しかし、スペイン王の支配下に入ったジェノヴァや、メディチ銀行の倒産で経済力の衰退がいちじるしかったフィレンツェは別にしても、海洋民族であり海運国の歴史も長く資金力も豊かであったヴェネツィアが、なぜ新大陸に消極的であったのかという疑問は残ります。それへの答えは、経済的にうまく行っており、新たな開拓の必要がなかった、というのが第一。アフリカをまわる新航路の開拓は、ポルトガルとスペインに、ヴェネツィアの主要交易物産である香味料の集約地のインドに直行されるというメリットを与えはしたのですが、ヴェネツィアはこれに、実にヴェネツィアらしい合理的な政策で対抗し、しかも成功する。それが何であったかの説明は簡単ではなく、『海の都の物語』を読んでもらうしかないのですが、ヴァスコ・ダ・ガマによる喜望峰まわりの〝インド直行便〟が、ヴェネツィア経済の衰退に結びつかなかったことは事実です。だからこそ、アメリゴ・ヴェスプッチからの出資要請にも、NOで答えたのでしょう。

しかし、ヴェネツィアの「乗り損い」の要因は、もう一つ別にある。それは、ポルトガルやスペインやフランスとヴェネツィアの間にあった、新航路や新市場の開拓に対する考え方のちがいです。

ポルトガルが事実上スペイン支配下に入ったこと、またフランスは結局は新大陸ではイギリスにとって代わられることから、比較の対象はスペインにしぼりますが、スペイン人は海洋民族でもなければ海軍国であったためしもない。このスペインがただ一度もった艦隊らしい艦隊である「無敵艦隊」も、無敵であったのは闘わなかったときだけで、イギリスとの間に海戦をはじめたとたんに敗北を喫したのがその何よりの証拠です。このスペイン人の考える新市場とは、そこに住む人々と交易する場ではなく、そこに住む人々を支配下におくことを意味した。一方、ヴェネツィアは交易で生きてきた国です。国外の領有地も、植民地というよりも基地として必要だから領有していた。島ならば、クレタやキプロスやコルフのように島全体を領有するようになりますが、大陸ならば、商用や海運や軍事に必要な土地しか領有しない。このヴェネツィア人には、基地領有としての「点」と「線」の概念はあっても、植民地としての「面」の概念はなかった。しかし、新世界は大陸です。この新世界に進出するには、「面」を領有し支配下におき、そこに住む人々を、対等な交易の相手としてではなく隷属者としてあつかう概念が適していた。ヴェネツィア人には、また彼ら以外の他のイタリア人にも、その概念は馴じまなかったのでしょう。学者の間で交わされる冗談ですが、もしもコロンブスやアメリゴ・ヴェスプッチ等のイタリア勢が大航海時代の主導権をにぎっていたとしたら、インカ帝国の滅亡はなかった、とさえ言われるのです。スペイン勢が主導権をにぎって遂行された中米と南米の植民地化は、異なる考え、異なる人間の存在を徹底して排除した、反動宗教改革の所産としてもよい。イタリア人が植民帝国の時代に乗り損ねたのも、彼らの気質と考え方が、植民帝国時代にそぐわなかったという事情もあるんですね」

「しかし、新時代に巧みに乗れたにしろ反対に乗り損ねたにしろ、これは国家の問題です。個人の偉業は、そのようなことを超越して残る。これら大航海者の一人といえども、栄耀栄華のうちに生を終えた人はいません。

バルトロメオ・ディアスは、喜望峰からはもどれたにせよ別の探検遂行中に死去。コロンブスは、不遇のうちに死ぬ。ヴァスコ・ダ・ガマは、インドにおけるポルトガル商権の独占まで獲得していながら、それを享受することなくまもなくして死ぬ。アメリゴ・ヴェスプッチも、メディチ商社のサラリーマンだったのがスペイン海軍の「ピロート・マヨール」(パイロット長)に任命されるまでの昇進は果したが、彼が生前に受けた栄誉は、同時代のドイツの地理学者マルティン・ヴァルトゼーミューラーが、新大陸をアメリカと名づけてくれたことだけだった。はじめて世界一周を果したということで現代では小学生でも知っているマゼランも、三年かけての世界一周を果したのは、彼が率いて出港した五隻のうちの一隻と十八人の乗組員のみ。マゼラン自身は、世界一周成功の一年以上も前に、フィリピン近くの島で原住民に殺されている。そして、原住民との争いに巻きこまれて命を失ったのは、北米大陸探検中のヴェラッツァーノを襲った運命でもありました。

財を築くことが目的ならば、当時でも他にいくつもの選択があった。しかも彼らは、一級の船乗りであると同時に、一級の天文学者であり数学者であり地理学者であったのです。黄金に魅かれて海に出たという評価には、私には同意できませんね」

「最後に一つだけ、質問させてください。大航海時代の主人公のうちに、海洋民族でもないフィレンツェ共和国の出身者が二人もいるのはなぜですか」

「二人だけではないのです。二人とは、船長、つまりは指揮官ないし総責任者であった人の数にすぎなく、アメリゴ・ヴェスプッチにもヴェラッツァーノにも、同行した友人というか幕僚というかの中にはイタリア人の名が多く見られます」

「となると、フィレンツェ人の海への雄飛は、後代にまで名の遺ったこの二人だけの特殊例ではなかったのですね」

「それには、パオロ・トスカネッリという人の存在を説明しなければなりません。

この人物は、一三九七年にフィレンツェで生れ、パドヴァで大学生活を送った時期と枢機卿に任命された友人から呼ばれてローマに少しの間滞在した以外は、一四八二年の死の年までのほとんどの生涯をフィレンツェから外には出ないで過ごした人です。ただし、同時代人の言によれば、肉体はフィレンツェにあっても、心は地球上に、いや地球を越えて天体にまで雄飛していた人、でもあったのでした。何によって？　数学によって。

地理学《ジェオグラフィア》、天文学《アストロノミア》、宇宙学《コスモグラフィア》と彼の関心が向けられた分野は多彩をきわめていて、それらは、実際に現地を見ている人々への尋問と自然現象の観測をもとに、数学上の計算によって考え出された仮説。まあ、自然科学が専門のレオナルド・ダ・ヴィンチといったところですね。緯度と経度の概念を考え出したのも、彼であったと言われています。

いずれにしろ数学の虫のようなこの人物は、同時代の多くの人に影響を与えています。建築家のブルネレスキとは友人の仲で、花の聖母寺（サンタ・マリア・デル・フィオーレ）の円屋根《ドウオーモ》の設計者で工事の総監督でもあったブルネレスキが、幾何学に秀でていたのもこの人に教えをうけたからであるという。ギリシア語もラテン語もできたので、古代のギリシアとローマの文献も完璧に自分のものにしたうえで自らの学説を打ち立てたのです。これでは、万能の人と評判だった、フィレンツェ人のレオン・バッティスタ・アルベルティとも親しかったというのも納得いきますね。なにしろ、ハレーが発見する前のハレー彗星まで四度にわたって観測したといわれ、それらをもとにしての天体図も作ったとさえいわれている人ですから。

このトスカネッリが後代の一般の人々にも耳にする名で遺ったのは、これらの学問上の業績ではなくて、コロンブスが手紙を送って教えを乞うた相手としてなのです。当時のコロンブスは三十代に入ったばかりの年頃と思いますが、おそらくどこかで、一四七四年にトスカネッリがポルトガルの友人に書き送った手紙の内容を聴き知っていたのではないかと思う。トスカネッリはポルトガルの僧マルティネスに、アジアへの最も近い道はアフリカ大陸伝いに南下する航路ではなく、イベリア半島から真西に海を行く道だと書いているからです。

ただしこれが、後代のトスカネッリ軽視の原因にもなった。コロンブスが発見したのはアジアではなく新大陸アメリカであったからで、トスカネッリもコロンブス同様に、新大陸の存在を予測できなかった、ということになるからです。また、トスカネッリの死の十七年後にしろ、ポルトガル人のヴァスコ・ダ・ガマは、アフリカ大陸をまわってインドに達している。結果的には、スエズ運河ができるまでのアジアへの近道は、喜望峰まわりということになった。ここでもトスカネッリは、計算ちがいをしたことになります。

しかし、アメリカ大陸を発見しそれを記録に残した最初の人はあくまでもコロンブスであるのと同じで、トスカネッリの功績はやはりある。とくに、海に馴じみの薄いフィレンツェ人に、海への関心をかき立てたことによって。

フィレンツェは海に面してもいないし、キアンティ地方の村にすぎないグレーヴェに至っては、河にさえ面していない。しかし「港」は、人間の頭の中にもあるのです。しかも当時のフィレンツェの経済界は、ヨーロッパの各地に多くの支店をもっていた。探検行に乗り出す前のヴェラッツァーノの経歴はわかっていないのですが、彼もまたアメリゴ・ヴェスプッチのように〝商社員〟でもしていて、その勤務先が、ヴェスプッチのスペインとはちがってフランスであったのかもしれません。ちなみにヴェラッツァーノの探検行の出資者はフランス王のフランソワ一世ですが、学芸の愛好者でもあったこの王様は、ヴェラッツァーノが船出した年の五年前までは、ヴェラッツァーノと同じフィレンツェ人であるレオナルド・ダ・ヴィンチの保護者でもあった人でした。この二人のフィレンツェ人も、どこかですれちがっていた可能性はなくもない。

晩年のレオナルドの名声は国境を越えて高く、多くの人の表敬訪問が知られていますが、それをいちいち受けていた巨匠も、若い頃は愛憎半ばしていた故国フィレンツェからの訪問客には、とくに親切に対応していたといわれます。もしかしたらその中に、若きヴェラッツァーノもいたかもしれない。なにしろ生国は、二人ともフィレンツェ共和国。そして二人とも、頭脳流出の例証となったことでも同じ。まったく、フィレンツェくらい、自国の頭脳の国外流出が盛んであった国もありません。ヴェネツィア共和国となると、この現象がほとんどないのが特色でもあるのですが」

「このことが、フィレンツェが共和国としては一五三〇年に崩壊し、ヴェネツィア共和国が一七九七年まで存続できた要因でしょうか」

「要因のすべてではなくても、一因ではあったでしょうね。それではヴェネツィアに行って、イタリアの都市国家の中では唯一繁栄をつづけ、それゆえにルネサンスの最後の担《にな》い手になる、ヴェネツィア人の秘密でも語り合いましょうか」

第四部　ヴェネツィアで考える

対談は、運河をすべるゴンドラの上、聖《サン》マルコ広場とその周辺の小路、そして大運河に面したテラスで行われた。

「ゴンドラというのは、実際に乗ってみると、居心地が良いというものではありませんね」

「居心地など良くなくていいんです。ヴェネツィア人にとっては、足であったのだから。都市内の往き来には適した、小型の乗用車のようなものだった。長距離用ならば欠かせない、坐り心地の良さは必要ないのです。それでも、地上を行くのと水の上を行くのとでは、ちがいは厳としてある。あそこを行く、渡しを見てください。都心部を二分している大運河（カナル・グランデ）には現在でもなお三つの橋しかないヴェネツィアでは、向う側に行きたいと思えば橋《ポンテ》のあるところまで行ってそれを渡るか、それとも大運河の両岸に交互に着岸しながら進む〝各駅停車〟の連絡船《ヴァポレット》に乗るかしなければなりません。これでは、多くの場合まわり道になる。それで、大運河のあちこちに私営の「渡し」が往復しているのです。バスの一区間程度の料金で、向う側まで渡してくれるというわけ。ところがこの小舟に乗っている人を見るだけで、土地者か他所者かの見分けがつくのですね。小舟の上に立ったままの人は土地者、ほんの少しの時間なのに坐っているのは他所者。ゲーテだったか、この頃では自分もヴェネツィア人のように、渡しの上では立ったままでいられるようになったと、嬉しそうに書いています。海の彼方に雄飛することなどまったくなくなった現代のヴェネツィア人ですが、舟の上で不安を覚えないですむ習慣ぐらいは、先祖から受け継いでいるのでしょう。

とは言っても、物事にはすべてプラス面とマイナス面が表裏をなしています。高速道路を走っていて、ヴェネツィア・ナンバーの車を見たら注意せよ、と現代でも言われている。ヴェネツィアは自動車の走れない都市なので、このヴェネツィアに住む人の運転技術は信用されていないのです。これがルネサンス時代には、馬で行くヴェネツィア人のぶざまさがカリカチュアにされたのでしたが」

「話し方も、ヴェネツィアの人のそれはフィレンツェとはちがうように聴こえますが。ヴェネツィアの人の話すイタリア語は、同じイタリア語なのにフィレンツェとちがって、のんびりとした感じがします」

「単刀直入で寸鉄人を刺す早口のフィレンツェ人の話し方と比べれば、ヴェネツィア人の話し方は、イントネーションがゆったりとしている。しかしこれは、ヴェネツィア人の気質がのんびりしていたからではなく、風や波の音が絶えない船上で意を伝え合うには、ゆっくりと話すしかなかったからです。これもまた、観光地でしかなくなった現在のヴェネツィアに今なお遺る、海洋国家時代の名残りの一つですね」

「共和国が健在であった時代のヴェネツィアは、観光地ではなかったのですか」

「いえ、ヴェネツィアは、海の上の都という唯一無二の立地条件とその自国をより美しくしたいと思う彼らの意欲と、また、芸術品であろうと何であろうと持てる資源は活用する彼らの考え方によって、昔から観光客の誘致には積極的でした。だから、共和国が健在であった時代から常に、観光地ではあったのです。ただし、観光地だけではなかったのです」

「話を、観光地だけではなかった時代のヴェネツィアにもどせば、あなたはキアンティに立ち寄ったときの対話で、フィレンツェは頭脳流出国で、ヴェネツィアはそうではなかったと言われた。ならばヴェネツィアは、頭脳流入型の国であったのですか」

「フィレンツェも、十五世紀末までは頭脳流入の国であったのです。十四世紀半ばからの百年余りは、才能という才能は皆フィレンツェを目指した。まず、注文主の知的美的センスが高く、これらの人々による需要が盛んであったこと。第二は、集まった才能同士の切磋琢磨が熾烈であったこと。このフィレンツェが頭脳流出に転じたのは、メディチ家のロレンツォの死が境であったと言ってもよい。そして、フィレンツェと並ぶイタリア都市国家の雄であったヴェネツィアが頭脳流入国になった要因のほうは、第一にあげた需要の多さということでは同じでも、第二の条件ならばちがった。反動宗教改革の時代になりつつあったのだから当然ですが、それは、言論上であろうと芸術表現上であろうと「自由」であったのですね。

ヴェネツィア共和国とは、フィレンツェ共和国が共和政としては一五三〇年に崩壊し、それ以後はメディチ家の治める君主国に変わったのとは反対に、建国から滅亡までの一千二百年を共和政体で通した国家です。ただし、共和政とは言っても、古代のアテネのような直接民主政ではなく、また現代の代議員制民主主義ともちがう。寡頭政の名で呼ばれる少数指導型の政体で、歴史上に同類を求めるとすれば、共和政時代のローマに近い。

有力な家系に生れれば、成年に達するや共和国国会《マジョール・コンシーリオ》の議席が与えられます。ここまでは選挙なしですが、ここからは選挙制。共和国国会の議員による選挙で、百二十人から二百人程度の元老院議員が選出される。数が一定でなかったのは、元老院に議席をもてるのは一家に一人と決まっていたからです。この元老院《セナート》が、ヴェネツィア共和国の事実上の国会に該当した。すべての公職は、元老院議員から選ばれたからです。とはいえこのヴェネツィアも、内閣なしには機能できません。くわしい内実は『海の都の物語』を読んでもらうしかありませんが、内閣と重なり合う形で、実際は十七人でも「十人委員会」と呼ばれていた機関があった。内外ともに政策の決定が急がれる場合や、現代アメリカのC・I・Aに似た働きをしていたのです。

このあたりまでは古代の共和政ローマと似ているのですが、国家には最高責任者が必要。その最高責任者は古代ローマでは一年ごとに選出される二人の執政官《コンスル》であったのが、ヴェネツィアでは、選出されれば任期は終身の一人の元首《ドージェ》が務めていたのです。ただし、一代かぎりで、息子などの肉親が後継者になることは許されていなかった。そして、共和国の「顔」であるがゆえに元首《ドージェ》のもっていた権威は他の誰よりも高くても、権力となると、元老院の二百票中の一票、「十人委員会」では十七票のうちの一票でしかなかった。権威と権力が一人に集中しないようにこうも徹底したシステムにでもしておかないかぎり、少数指導制は機能できないのです。一方、権威と権力が比例関係にあるのが君主政、つまり古代のローマでは帝政であったのですね」

「これでは一般市民は、完全に国政から排除されている。政体としては、専制とするしかありません。国政に参与できない一般の市民からは、反撥は起きなかったのですか。また、このような政体下にありながら、なぜヴェネツィア共和国では自由を満喫できたのですか」

「同じ疑問は、啓蒙主義時代のフランスの哲学者ヴォルテールも書いていましたね。

ヴェネツィアの有力者とは、交易で財を築いた人々です。この人々が国政を手中にしつづけていたのが、ヴェネツィア式の共和政体です。だがこの人々は、自分たちの富を守るには自分たちの国であるヴェネツィアが機能していなければならないと、悟った人々でもあったのでした。このヴェネツィアに、フィレンツェのメディチやドイツのフッガーに比肩しうる大金持はついに現われなかった。だが、メディチ家に次ぐ財力をもつ家系ならば、相当な数で常に存在しつづけたのです。富裕者と貧困者という、富の格差はあった。だがそれは、固定していなかった。敗者復活のシステムはあらゆる面で機能していたし、国外での利権を守るために避けられなかった戦争で倒れた人の遺族には、たとえそれが民間人であっても政府は遺族年金を支給しています。遺族年金の額は、最低額を例にすれば、当時の有名画家ティツィアーノの一枚の絵の画料の十分の一程度。だから、年金だけで生活していける額ではなかった。それでも遺族年金の制度は、同時代の他の国々にはありません。

このヴェネツィア共和国の歴史は、経済人が国家を運営するとどうなるか、の見本を示されている想いになりますね。利益率の最も高い胡椒をはじめとする香味料を運ぶ大型ガレー商船は、どれほど資力があろうと個人の所有は許さない。この型の商船の船籍は国家にあり、それゆえに誰でも商品運搬を依託することができるし、それらをオリエントで売った代金で胡椒を買い、ヴェネツィアまで運ばせることができる。この政策は、多くの人をオリエント貿易に参加させると同時に、財力のある人のリスク分散にも効あったのでした。利益率の低い商品である羊毛や原綿や小麦のような物産を運ぶのに使われた帆船ならば、個人の所有は許されていたのですが。だからこのヴェネツィアでは、シェークスピアが『ヴェニスの商人』で描いたような、全財産を投資した船二隻が沈没したので借金が返せないなどというヴェネツィアの商人は、ほんとうはありえなかったのですね。金貸しのユダヤ人シャイロックに問いつめられるより前に、何かと行政指導をすることが好きだったヴェネツィア政府に呼び出され、事情聴取でも受けていたかもしれません。

このヴェネツィアは外政面でもなかなかに巧妙で、西欧が法王派《グエルフィ》と皇帝派《ギベリン》に分れて争っていた時代は、遠くのビザンツ帝国の管轄下にあるような顔をして中立を保つ。それもただ単に静観していたのではなくて、ローマ法王と神聖ローマ皇帝の和解には積極的に動き、ヴェネツィアで両人の会談を実現したりしている。それでいて、全ヨーロッパが一丸となってイスラム勢と対決するときは、軍を派遣して明快に西側に立つ。

このように柔軟な外交が可能であった理由の第一は、ヴェネツィアの中継機能がなければ西方（オチデント）も東方（オリエント）も交易が成り立たなかったという事情。ドイツ商館とトルコ商館のいずれもが同じ都市内にあったのは、ヴェネツィアだけです。第二は、イスラムとことをかまえようにも、ヴェネツィアの海軍力が必要不可欠であったこと。レパントの海戦は、ヴェネツィア艦隊なしには闘えなかった。第三は、ヴェネツィアのもっていた情報の量と質です。外交担当者を他国に常駐させる制度を確立したのは、ヴェネツィア共和国が他のどの国よりも早く、しかも彼らの収集する情報の早さと正確さは他国の追随を許さない水準。ヴェネツィア人にしてみれば、市場の動きの正確な把握なしには商売はできない、であったにすぎないのですが。

しかし、商人ではあっても軍備の充実は忘れなかった。陸上の兵力はフィレンツェと同じく傭兵に頼ったヴェネツィアですが、自国の市場を守るには欠かせない海軍は、全員が自国民で固めています。元首《ドージェ》に選出されるのにも、海軍の総司令官の経験が他の何よりも重要視された。このヴェネツィア海軍では、シェークスピア作の『オセロ』の主人公のような、ムーア人の海将などありえないのですよ。

ここであなたは言うでしょう。このようなヴェネツィア共和国と、その国の住人が享受していた自由は、どこでどう関係があったのか、と。

それが、大変に関係があるのです。このヴェネツィアの指導者たちが守り抜こうと努めたことを一言で言えば、自国の独立です。つまり、他国からの干渉の排除です。そして、その独立の最大の障害はどこからくるかといえば、当時ではキリスト教会であり、その中枢であるローマの法王庁だった。無神論者ではないが政教分離主義者ではあることをライシズムと言い、それを奉ずる国や個人をイタリア語ではライコと言いますが、ヴェネツィア人くらい、ライコに徹した国民もない。「まずはじめにヴェネツィア人、次いでキリスト教者」という言葉を、一般の市民ですら口にしていた国ですからね。

このヴェネツィア共和国では、ヴェネツィア式の政体に反対しないかぎりという条件はあっても、それ以外はあらゆる自由が認められていたのですが、それとて自由の尊重という理念を重んじたからではない。キリスト教会やその威を借りることの多い他国からの、干渉を避けるためであったのです。単なる領土争いや利権をめぐる抗争にすぎなくても、宗教上の理由を旗印にするのが人間世界では多くあることですからね。しかし、抽象的な理念による自由と独立ではなく、具体的な利得を考えての自由と独立の堅持であったからこそ、永続的になりえたのだと思いますが。

このヴェネツィアには、すでにお話ししたように、異端審問委員会には政府側の三人も加わっており、そのうちの一人が席を立って退室すれば委員会は流れると決まっていたので、異端裁判も魔女裁判もなかった。また、ルターやマキアヴェッリの著作でも堂々と出版されていたのです。言論の自由が保証されないところには隆盛は期待できない出版業で、ヴェネツィアがヨーロッパ一でありつづけたこともすでにお話ししたとおり。このヴェネツィアにあった自由にはモンテーニュも驚嘆していますが、彼以降もイタリアを訪れたフランスの知識人は多かった。そのうちの一人の書いた紀行文の中に興味深い一節があるのです。ヴェネツィア滞在中に多量の書物を買いこんだまではよかったが、それらをブルゴーニュ地方にある自邸に直送するのでは官憲の注意を引く危険があるので、従者の実家あてに発送した、と記した箇所。フランス革命が起る、わずか半世紀前の話ですよ。同じ時代の人ヴォルテールも、旧態依然たる寡頭政下のヴェネツィアなのに、なぜ他のどこよりも自由が保証されているのか、と疑問を呈している。

この命題を論じた研究書も、今に至るまで多数。またこれ一つで学会が開かれるほどの「ヴェネツィア共和国における自由」というテーマですが、ここでは現実的で具体的であったヴェネツィア人に準ずるつもりで、ヴェネツィアがいかに執拗に宗教と距離を置くよう努めてきたかを、三つの具体例で見てみることにしましょう。

今、あなたと私が立っているのは、かつてのヴェネツィア共和国の首都であったヴェネツィアの中央広場である聖《サン》マルコ広場です。正面には、聖《サン》マルコ寺院がある。その左隣りには、現代では司教館がある。右隣りに立つのは、「パラッツォ・ドゥカーレ」（元首宮殿）と呼ばれた政庁です。中世時代の都市はどこも、政治を行う政庁と宗教面を司る街一番の教会が二大支柱になって街づくりが成されています。フィレンツェでも、「パラッツォ・ヴェッキオ」と「サンタ・マリア・デル・フィオーレ」が都市の二大支柱になっていて、フィレンツェ司教の住む司教館も、「花の聖母寺」（サンタ・マリア・デル・フィオーレ）附属の洗礼堂《バッティステッロ》の眼の前にある。つまり、政治の中心と宗教の中心が、市民の共同体である都市の二大支柱になっていたのですね。

ところが、ヴェネツィアだけはちがう。聖《サン》マルコ寺院はヴェネツィア第一の教会であり、祝祭は、それが政治上のものであれ宗教上のものであれ聖マルコ寺院で行われ、祭列もその前の広場を練り歩いた。しかし、聖マルコ寺院は公式には、ヴェネツィア共和国の元首の個人礼拝用のチャペルにすぎなく、寺院の主権もローマの法王庁には属していません。また、ヴェネツィアの司教にかぎってはオリエントのキリスト教界の長と同じく、西方のようにヴェスコヴォ（Vescovo）とは呼ばれず、パトリアルカ（Patriarca）と呼ばれるのですが、この人の住まいである司教館は、ヴェネツィア第一の教会である聖マルコ寺院に近接して置かれていない。共和国が健在であった時代の司教館は、造船所《アルセナーレ》の向うという都心からはひどく離れたところに置かれていたのです。聖マルコ寺院の左隣りにある現在の司教館は、ヴェネツィア共和国が崩壊し、ヴェネツィアがイタリアの一都市になった後に置かれたもの。ヴェネツィアが共和国であった一千二百年もの間、ヴェネツィア人は宗教界との間に距離を置くことに、神経質なくらいに固執していた証拠です。ローマの法王が、自分はどこでも法王だがヴェネツィアではちがうと嘆いたのも、この歴史を知れば納得するしかありません。

例証の第二ですが、あなたが昨日、これはいったい何ですか、と驚いた、ヴェネツィアの教会ならばどこにでもある聖遺物です。イエスが十字架にかけられたときに冠せられていたいばらの冠のいばらの一本とか、聖人の脚の骨一本とか、まあこのたぐいのものを聖なる遺物と呼ぶのですが、中世は東方（オリエント）から西方（オチデント）に向けての聖遺物輸入が立派に商売として成り立っていた時代でもあったのです。もちろん東西交易では第一人者のヴェネツィア商人のこと、東方で聖遺物を購入し西方で売りさばくことで利益をあげていたのですが、自分たちの国ヴェネツィアの教会に寄贈したものも少なくない。司教館は都市のはずれに追放しても苦情は言わなかったヴェネツィアの庶民も、お参りする対象が身近に、しかも多いのは歓迎したからでしょう。

このヴェネツィア人を、同時代のフィレンツェ人は嘲笑ったものでした。現実的なヴェネツィア人がなぜ、どこの馬の骨ともわからない聖遺物を信仰するのか、と。これにヴェネツィア人の一人が言い返しています。聖遺物信仰よりも生きた聖人を信仰するほうが、実害をもたらす危険がより多いではないか、と言って。聖遺物信仰はもたなかったフィレンツェ人なのに、生きている聖人としてサヴォナローラを信仰した事実を突かれたのですね。

このサヴォナローラが「虚栄の焼却」と名づけて行った、現世的なテーマの絵画彫刻や文学書を焼いた事件の際のエピソードですが、シニョリーア広場の中央に高く積みあげられた芸術品の山に火が点けられようとするとき、そのすべてを金を払って買いたいと申し出たのがヴェネツィアの一商人でした。もちろん、フィレンツェを神の治める国にしたい一心の説教僧サヴォナローラと彼に心酔していた人々からは、これこそ虚栄に執着する雑念以外の何ものでもないとして拒否され、芸術品の山には火が放たれるのですが、自国を宗教の干渉からさえも独立させるのに努力を惜しまなかったヴェネツィア人にしてみれば、見事な芸術品の数々が灰と化すのが残念でならなかったのでしょう。真に合理的であったのは、骨のかけらなどは信仰の対象にしなかったフィレンツェ人のほうか、それとも、骨のかけらの信仰ならば、黙認するどころか奨励さえしたヴェネツィア人のほうであったのか。

そして、最後にあげる例証は、私が『サイレント・マイノリティ』の中で「脱獄記」と題して紹介した、実際に存在したある脱獄囚の手記です。この人はイエズス会が取りしきっていたローマの宗教裁判所で異端の罪を問われて牢獄に入れられていた人ですが、大変な苦労の末に脱獄に成功する。逃避行中に多くの人の秘かな助けを受けるのですが、彼の逃亡に手を貸しつつも人々はいちように言う。ヴェネツィアに逃げられよ、と。

ヴェネツィアと自由の関係を論じた数多の研究書よりも、この命題をかかげて開かれたシンポジウムでの討論よりも、反動宗教改革時代に入ってもヴェネツィアには存続した「自由」とは何であったのかを、私に実感させてくれたのは一脱獄囚の手記のほうであったのでした。

このヴェネツィア共和国が、ルネサンス運動の最後の引き受け手になるのです」

「しかし、フィレンツェで誕生し育ったルネサンス精神も、ローマに移ればローマ風に結実したのだから、それがヴェネツィアに移ればヴェネツィア風に変わらなければならないはずですよね」

「まさにそう。そのヴェネツィアン・スタイルですが、絵画の世界では、ヴェネツィア派と呼ばれています。このヴェネツィア派の絵画の特質は、たしか美術史学者のベレンソンだったと思いますが、こんなことを言っています。

――フィレンツェ人の手になる絵画を前にしていると、遠近法とか人体解剖の知識とかの諸々のことを頭に置いて鑑賞しなければならないと思ってくるが、ヴェネツィア派の絵画の前ではそのような諸々を考える必要はない。ヴェネツィア人が描いた絵とは、絵画そのものであって、絵を見る愉しみを満喫しているだけでよい――

字句どおりならば、こうではなかったかもしれない。なぜなら、大学で卒業論文を書いていた頃に勉強しただけなので。でも、大意ならばこうであったと思います。実際、ヴェネツィア派の画家たちは、彫刻や建築には手を広げず、ましてや数学や解剖になどは関心をもたず、絵を描くことにのみ専念した。ルネサンス精神の真髄であるあくなき探究心も、ヴェネツィアの画家たちにとっては、形と色彩にのみ集中さるべきものであったのです。

ヴァザーリが書き遺してくれたおかげで後世有名になった、ミケランジェロのティツィアーノ評というものがあります。ミケランジェロは六十歳で、ティツィアーノは四十八歳前後の頃のエピソード。

――ある一日、ミケランジェロとヴァザーリは連れ立ってベルヴェデーレ宮にティツィアーノを訪ねた。（ベルヴェデーレ宮とは法王庁の一郭にあって、建築家ブラマンテの設計になる。ヴェネツィア出身の枢機卿の招きに応じたティツィアーノは、一年ほどローマに滞在していた。世は、最後のルネサンス法王といわれた、ファルネーゼ家出身のパオロ三世の時代）
ティツィアーノはわれわれ二人に、ヴェネツィアから持ってきていた一幅の絵を見せた。それはダナエを描いたもので、全裸の女体の上には黄金の雨に変身したゼウスが降りかかるという構図のものだった。ミケランジェロは、作者の前ということもあって絶讃した。だが、そこを出て二人だけになったときにこう言った。
「ヴェネツィアではデッサンの基本を学ばないのは、大変に残念なことだ。また、より優れた先達の技法も学ぼうとしないのも残念だね。もしもあの男が、自然から学ぶように先人の芸術品《アルテ》や技法からも学び、そのうえ実物《ヴィーヴォ》（モデル）をより正確に描く訓練を重ねたら、他の追随を許さない画家になるだろう。ティツィアーノは、芸術家に適した精神をもち優雅な様式をわがものにし、生き生きした技法を駆使できる画家なのだから」

面白いのは、ミケランジェロもティツィアーノも、これ以後もそれぞれの道を歩んだということです。思い起せば、古代ローマの一都市だったフィレンツェと、ローマ帝国の首都だったローマに比べれば、ヴェネツィアには古代ローマの片影さえもなかったこと。ローマ帝国滅亡時に侵入してきた蛮族から逃げるために、それまでは人の住まなかった潟《ラグーナ》の中の浅瀬に都市を築いたのがヴェネツィアの起源であったからでした。とはいえ、このヴェネツィア人が、フィレンツェやローマの知識人たちが熱狂した古代の復興に無関心であったのかといえば、まったくそうではない。ただし、それもヴェネツィアでは、あくまでもヴェネツィア風に成されていくのです。

ヴェネツィアには、フィレンツェのメディチ家のように、一私人でありながら古典の写本を手広く買い集めてそれで図書館をつくってしまうような人は現われなかった。しかし、トルコの脅威を逃れてヴェネツィアに亡命してきたビザンツ帝国の人々が持ちこんだギリシア・ローマの古典を購入し、それらをもとに公立の図書館をつくったのは共和国政府で、しかも設立時はフィレンツェより早い。

ヴェネツィアには、メディチ家が主宰者だったプラトン・アカデミーのような古典の研究機関はなかった。しかし、古典を対訳までつけて出版し、それらが学生でも買えるようにと文庫判まで考え出したのはヴェネツィア人です。

フィレンツェでも政庁の書記局は知識人のるつぼのようであったけれど、ヴェネツィアでも政庁の事務官僚の教養は高かった。マキアヴェッリは書記局勤めの官僚ですが、彼よりは半世紀の後に、日本事情までも網羅した当時では最も完璧な世界各地の旅行記全集を編集したのは、「十人委員会」の書記だったラムージオです。

しかし、警世思想家のマキアヴェッリがいかにもフィレンツェ的な歴史家ならば、ヴェネツィアにはついに彼のような歴史家は生れなかった。政府が充分に機能していたために国の将来を憂う必要もなかったからですが、警世的な歴史家を生まなかった代わりにヴェネツィアでは、出来事を忠実に記録する年代記作者が多数輩出します。また、国外に駐在する大使や海外支店から寄せられる報告の量も、同時代の大国であったスペインやフランスやイギリスをはるかに越えている。ヴェネツィアの大使は帰任時に元老院で詳細な報告をするのが義務づけられていたのですが、それらは現在では派遣国別にまとめられて出版されているから誰でも読める。だが、それらを一読した人ならば思うにちがいない。ヴェネツィア共和国が滅亡する十八世紀末までのヨーロッパと中近東の歴史は、これを中心にしただけで書ける、と。

要するにこのことも、帳簿がきちんとしていないと商売はできないという、商人魂からきていたのですね。しかし、この彼らの商人魂のおかげで、後代に生きるわれわれも、正確で客観的な史料をもとにした歴史を組み立てることができるのです。

その歴史によれば、ヴェネツィアのルネサンスは何も、ローマがパスしてきたボールを受けてはじまったのではない。文化文明の創造には、財力と自由の二大条件に加えて進取性に富むことも必要不可欠な条件になりますが、その面でもヴェネツィアは資格充分だった。ただしヴェネツィアのそれは、古代のギリシアやローマよりも、同時代のオリエントに対してまず開かれる。ヴェネツィアにある建物を見てください。われわれにさえ、エキゾチックに映ります。当時の西欧では、もっとエキゾチックであったにちがいない。これも、西欧のどの国よりもヴェネツィアが、彼らがオリエントと呼んでいた、後代の中近東と北アフリカに深い関係をもっていたからでしょう。

ヴェネツィアの建築の歴史をたどるのに最も簡単で最も安価な方法は、鉄道の駅の前の広場が始発駅の、大運河を通って聖マルコ広場に達する各駅停車の連絡船に乗ることです。各駅停車と私が名づけたのは、この線だけが両岸に交互に着岸しながら大運河を通って行くので、この線に乗り、両岸ともを眺められるように船の最前部の席にでも坐ると、居ながらにしてヴェネツィア建築の歴史的変遷を見ることができるのです。海外に雄飛していた時代のヴェネツィアの大商人たちは荷舟が横づけできるところにオフィス兼住居を建てていたので、幹線道路ではなく幹線運河が、ヴェネツィアでは大運河（カナル・グランデ）であったからでした。

各駅停車なので、歩けばその四分の一の時間ですむ聖マルコ広場までも連絡船《ヴァポレット》ならば一時間もかかってしまいますが、それくらいの時間をかける価値は充分にある。簡素な十四世紀様式から華麗な十五世紀様式、そして壮麗な十六世紀スタイルと、ヴェネツィア建築史が一望の下《もと》です。はじめの二様式にはオリエントの影響が色濃くあらわれているのに対して、十六世紀様式となると西欧色が濃くなる。それは、一五二七年の「ローマの掠奪」を機にローマを見捨てた建築家をヴェネツィアが迎え入れ、このヤコポ・サンソヴィーノがヴェネツィアの主要な建造物の設計を担当するようになったか

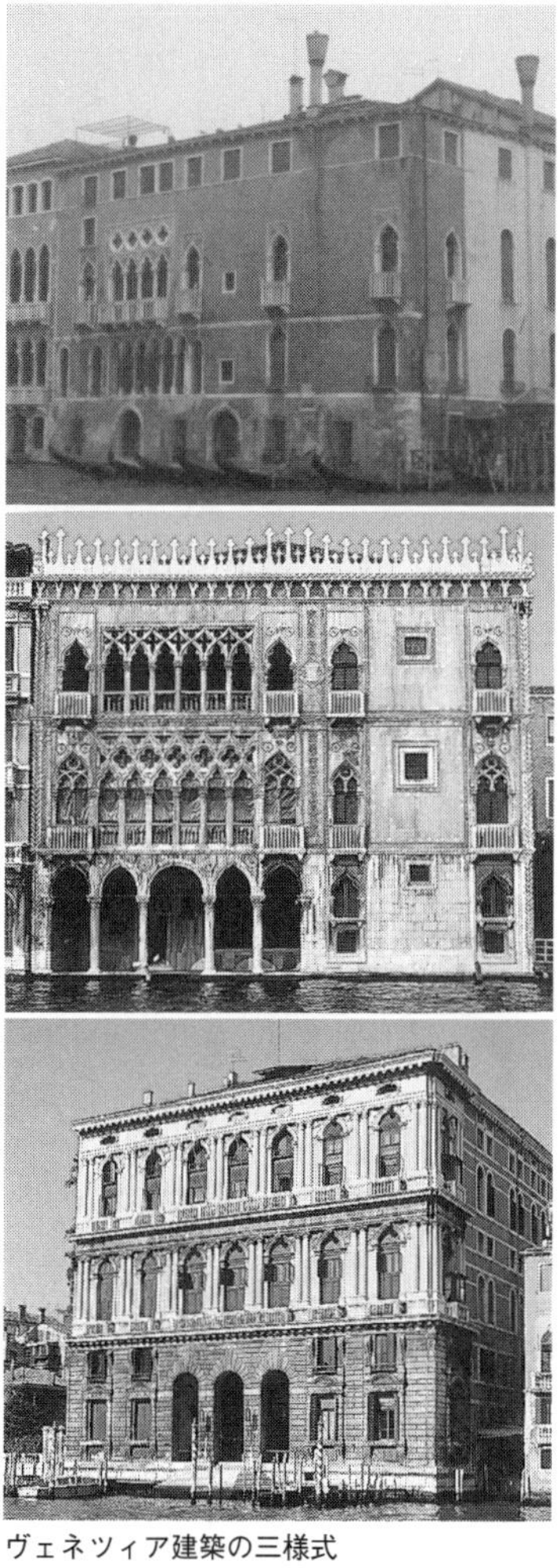

ヴェネツィア建築の三様式
上、サグレド宮（14 世紀）
中、カ・ドーロ（15 世紀）
下、コルネール宮（16 世紀）

らでした。

　建築面では、このサンソヴィーノやアントニオ・サンガッロのようなフィレンツェ出身でローマで活躍していた人々を迎え入れ、パドヴァ生れのパラーディオも加えて仕事を託したヴェネツィアですが、絵画となると頭脳流入に熱心ではなかった。いや、その必要はなかった、とすべきかもしれません。世に有名なヴェネツィア派の画家たちの系譜は、それ以前からすでに立派な流れとしてたどれるからです。

　画家一家として有名だったベッリーニ家のジェンティーレとジョヴァンニ。二人とも一四二九年にヴェネツィアに生れ、前者は一五〇七年、後者は一五一六年にヴェネツィアで死んでいます。前者は共和国政府からトルコに芸術使節として派遣され、今ではロンドンのナショナル・ギャラリーにある、有名なマホメッド二世の肖像画を遺している。後者は、徒弟時代のティツィアーノの師匠であったよう。

　しかし、ティツィアーノがより強く影響を受けたのは、一四七七年に生れて一五一〇年に死んだジョルジョーネのほうであったと言われています。人間を描いてその心の奥まで描き出してしまうとは、同時代人がジョルジョーネに捧げた讃辞でした。

　そしてこれらの先達につづいたのが、一四八七年に生れ一五七七年に死んだティツィアーノ。このヴェネツィア派絵画の巨匠の後には、一五一八年に生れ一五九四年に死んだティントレット、一五二八年に生れ一五八八年に死んだパオロ・ヴェロネーゼとつづいて、大輪の花を咲かせた十六世紀のヴェネツィア派の絵画の幕は閉じられるのです。

もしも、イタリアなくしてレオナルドなく、レオナルドなくしてルネサンスなし、と言い、ローマなくしてミケランジェロなく、ミケランジェロなくしてローマなし、と言ってよければ、ヴェネツィアなくしてティツィアーノなく、ティツィアーノなくしてヴェネツィアなし、とされる資格は充分にある。ティツィアーノという画家は、良くも悪くもヴェネツィアそのものを体現しており、そしてヴェネツィアも、ティツィアーノを得ることではじめてヴェネツィアらしいヴェネツィアになった、と言えるかもしれません。創造する者にとっても鑑賞する側にとっても、最も理想的なあり方ではないでしょうか。

それでティツィアーノの芸術ですが、創作者としての彼の特色は、ミケランジェロに批判された欠陥をカヴァーしてあまりあるという感じで、色彩にあります。なぜヴェネツィア派の絵画の特徴が色彩にあるのかという問いに対しては、街中に張りめぐらされている運河にある、と答えるしかない。ヴェネツィアでは、降りそそぐ陽光は、直接に降りそそぐ光に加えて運河の水に反射して返ってくる光もあるのです。このヴェネツィアでは、色彩もより多様にならざるをえない。これが、ヴェネツィア派の画家たちを、その中でも最もヴェネツィア的な画家であるティツィアーノを、他のどこにも存在しない色彩の画家に育てたのでしょう。

しかもティツィアーノは、単なる色彩画家ではなかった。彼の描く人物像は、その人物に似ているだけでは終らず、描かれている人の人生までも感じさせてしまう。小説家ならば、ティツィアーノ作の人物像を見ただけで、一篇の小説が書けるはずです。これが彼を、ヨーロッパ中の王侯貴族からの依頼が絶えなかった、当時最大の流行画家にした要因ではないかと思う。十六世紀半ばのヨーロッパ最高の権力者は、神聖ローマ帝国皇帝であると同時にスペイン王でもあったカルロスですが、この人はティツィアーノにしか肖像画を描かせず、このヴェネツィア人を、王宮のあったスペインのマドリードに、三顧の礼をつくして招いている。英明な君主であっただけに、皇帝カルロスは、自分自身の生涯を表現するのは簡単ではないことを知っていた。それがティツィアーノの画筆にかかると、一枚の画布の上に、それまでのすべてのドラマが凝縮するのです。もしも私だったら、自分がこうも深く表出されるのは恐いと思うくらいに描き出してしまう。

そして、ローマのルネサンスが、ミケランジェロとラファエッロに存分に仕事させた法王ジュリオ二世に負うところが多かったのに似て、十六世紀のヴェネツィアにも、ヴェネツィア・ルネサンスの牽引車としてよい人物がいた。一五二三年から三八年まで元首《ドージェ》を務めた、アンドレア・グリッティがその人です。

この人を私は、『海の都の物語』の中で六ページを使って紹介している。史実を追うことで、ヴェネツィア共和国の最盛期を体現したこの男を表わそうとした。しかし、それでもなお、ティツィアーノ描く肖像画の一幅に及ばない、と思うしかありません。現在ではワシントンのナショナル・ギャラリーに所蔵されているこの肖像画ほど、最盛期のヴェネツィアを表現すると同時に、支配するために生れてきた男、と言われた彼を表わして類がない。

元首《ドージェ》グリッティは、ローマから移ってきたフィレンツェ人の建築家のヤコポ・サンソヴィーノを迎え入れ、ヴェネツィアの公共建築の設計をまかせ、フィレンツェ共和国のアレッツォ生れのアレティーノが移ってくれば、この文人に自由闊達な筆がふるえる環境を保証し、聖マルコ寺院の音楽監督にはフランドルから人を招聘し、そしてティツィアーノには、元首宮殿内の各会議場の壁画制作をまかせたのです。これらの人が、功なり名とげた有名人であったならば驚くことはないのですが、三人ともが三十代に属す若手。この若手三人をブレーンにした七十代の元首グリッティによって、ヴェネツィアのルネサンスは華麗な花を開かせることになる。

文化の創造とは、いかに優れた資質に恵まれていても、純粋培養ではできないのです。異分子の混入による刺激が、どうしても必要になる。元首グリッティは、ヴェネツィアらしさの保存なんて考えなかった人なのですね。それだからこそ、かえって真のヴェネツィアらしさを創り出す、牽引車になれたのだと思う。十六世紀の時点ではフランドルから専門家を招聘しなければならなかったヴェネツィアの音楽界も、二百年も過ぎないうちに、ヴィヴァルディ等を輩出してヨーロッパ音楽界の先進国になる。ティツィアーノ描いた元首宮殿の壁画の多くは火災で焼失してしまい、現在見られるのはその後に描かれたティントレットとパオロ・ヴェロネーゼの壁画ですが、それを残念と思うか、それともこれで良しとするかは、もはや好みの問題です。

ところが、こうして文化大国になった十六世紀のヴェネツィア共和国は商人の魂を忘れてしまったかというと、それがまったくそうではなかったのがいかにもヴェネツィア人らしい。

ボローニャ大学に次いでヨーロッパでは二番目に古い大学になるパドヴァ大学は、ヴェネツィア共和国が自国の最高学府と考えて力を入れていた大学ですが、それだけに教授も学生もヨーロッパ中から集まっていた。だがこの大学では、一つの講座は一人の教授が担当するのではなく、二人の教授が授業を行う併行制度になっていたのです。学生たちに選択の自由を与えたわけで、これは教授に下される勤務評定でもあった。学生の集まらない講座を担当していた教授は、クビになったのですから。そのうえ教授は、教える学生の学力向上にも責任をもたされた。しばしば自宅に呼びつけた学生の課外授業までさせられるのに音《ね》をあげたのが、ガリレオ・ガリレイです。これでは研究に専念できないと、トスカーナ大公メディチが年金を保証してきたのを幸い、故国のフィレンツェにもどってしまった。高名な科学者に去られたからといって、パドヴァ大学は講座併行制を見直しもしなかったところが面白いですよね。

芸術の分野でも、ヴェネツィア政府は芸術家たちを甘やかしはしなかった。ヴェネツィアに居を定めて以後のサンソヴィーノは共和国の建築総監督のような地位を与えられていたのですが、それゆえに主要な公共建造物の設計を担当することも多く、何とも素気ない造りの聖《サン》マルコの鐘楼も小回廊《ロジェッタ》をつけ加えることで素気なさをやわらげた人です。また、その左隣りにそびえ立つ図書館も彼の設計になる。ところが、この公共図書館の建設中に一部が崩れ落ちるという事故が起ったのです。この種の事故は設計者に責任があるというわけで、サンソヴィーノは牢に入れられてしまった。同情したティツィアーノやその他の芸術家たちが嘆願書を出して釈放はされたのですが、釈放の条件というのが自費による建て直し。牢生活を再経験したくなかった建築家が、その条件を受け容れたことはもちろんです。

しかし、このようなヴェネツィアで、イタリアのルネサンスは最後の花を咲かせるのです。その結果ヴェネツィアの街全体が、現に見るような一大美術館になったのですね。十八世紀にこのヴェネツィアを訪れたドイツの文人ゲーテは、ヴェネツィアは肉体の眼で見るのでは不充分で、心の眼で見なければわからない、と書き遺しています」
「心の眼で見なければならないのは、フィレンツェでもローマでも同じですね」
「まったく、そう。国中に各時代の人類の遺産を集めた感じのイタリアを見てまわるのには、ゲーテ式の心眼は絶対に必要です」

「このルネサンスが、現代のわれわれに遺した遺産について総括するとすれば何でしょう」
「まず第一は、われわれ現代人が肉体の眼でも見ることのできる、芸術品の数々でしょうね。これらを心の眼でも見られれば、より役立つと思いますが。

遺産の第二は、精神の独立に対する強烈な執着。言い換えれば、自分の眼で見、自分の頭で考え、自分の言葉ないし手で、表現することによって他者に伝える生き方です。

遺産の第三は、二元論ではなく一元論的な考え方。キリスト教では神は「善」ということになっているので、「悪」のほうは悪魔の担当としないと説明がつかない。人間界から「悪」を完全追放するなどということはできない相談ですから、「悪」は誰かに転嫁しなければならないからです。これが、西欧人の考える二元論の出発点。善と悪、精神と肉体、神と悪魔という、二つの「元」に分れているということでしょう。

ところが、古代のギリシアやローマでは、多神教であった事情から、神さえも「善」と「悪」の双方をともにもつ存在とされていました。それが人間となればなおのこと、自分の内に「善」と「悪」

の双方をもっている。精神と肉体があってこそ、一個の人間であるのですから。となると、悪を押さえて善をより多く発揮させながら生きるにはどうすればよいか、が最重要な課題になる。ゆえにこれが、ソクラテスの教えでもあったのです。

この古代を復興したルネサンスでは、当然ながら人間が中心にならざるをえない。善悪ともを内にかかえる人間が中心になれば、「悪」は他人の行うことで自分は知ったことではない、などとは言えなくなります。つまり、悪魔に責任転嫁はできなくなったということですね。悪もまた我れにあり、なんです。ただしこれは、自己コントロールを求められるということですから、精神も強靭でなければならず、ルネサンスとは、精神のエリートたちによる運動であった、と言えるかもしれません。詩人ダンテは、精神の貴族、と呼んでいますが」

「しかし、このように説明されると、現代のわれわれは、精神面でのルネサンスの遺産を受け継いだとは言えなくなる」

「継承者がそうは容易には現われないから、いまだに「遺産」と呼ばれているのでしょう」

「それを受け継いで自分のものにする、簡単で具体的な方策はあるでしょうか」

「芥川龍之介の書いた『澄江堂雑記』の中に、「歴史小説」と題された小文があります。

——歴史小説と云ふ以上、一時代の風俗なり人情なりに、多少は忠実でないものはない。しかし一時代の特色のみを、殊《こと》に道徳上の特色のみを、主題にしたものもあるべきである。たとへば日本の王朝時代は、男女関係の考へ方でも、現代のそれとは大分《だいぶ》違ふ。其処《そこ》を宛然《えんぜん》作者自身も、和泉式部の友だちだつたやうに、虚心平気に書き上げるのである。この種の歴史小説は、その現代との対照の間に、自然或暗示を与へ易い。メリメの『イサベラ』もこれである。（アナトール・）フランスの『ピラト』もこれである。

しかし日本の歴史小説には、未《いま》だこの種の作品を見ない。日本のは大抵古人の心に、今人の心と共通する、云はばヒュマンな閃《ひらめ》きを捉《とら》へた、手つ取り早い作品ばかりである。誰か年少の天才の中に、上記の新機軸を出すものはゐないか？――

レオナルドやミケランジェロやティツィアーノの作品の前に立ったときは、これらのルネサンスの天才たちを解説した研究書など読む必要はない。ガイドの説明も、聴き流していればよい。それよりも、あなた自身が「年少の天才」にでもなったつもりで、「虚心平気」に彼らと向き合うのです。天才とは、こちらも天才になった気にでもならないかぎり、肉迫できない存在でもあるのですよ。

ダンテやボッカッチョやマキアヴェッリのような、文章を表現の手段に選んだ人々に対しても同じです。表現とは、自己満足ではない。他者に伝えたいという強烈な想いが内包されているからこそ、力強い作品に結晶できるのです。レオナルド・ダ・ヴィンチの書き遺した文章に至っては、その多くが、キミという呼びかけを使って書かれている。レオナルドが言った「キミ」にならないで、何でレオナルドが理解できるのでしょう。レオナルドやマキアヴェッリやミケランジェロの友だちでもあるかのように、虚心に作品に対し、それをすることで彼らの声に耳を傾け、偏見に捕らわれずに考え、得た想いを自分自身の言葉で言ってみてはどうでしょう。これさえ実行すれば、あなたもまた、ルネサンス精神を会得できたことになるのです」

「ルネサンスとは何であったのか、がようやく理解できたような気がします。それも、心眼や克己という日本語に置き換えられるとなると、遠い昔の歴史事象とは思えなく、現代のわれわれにとっても関係ある問題に思えてきますね」

「言葉が存在していたということは、概念も存在していたということです。そして、西欧文明圏には属さない日本の言葉にさえ共通概念を見出せるという一事くらい、ルネサンスの普遍性を証明することもありません。

考えてみてください。宗教改革も反動宗教改革も、所詮は西欧のキリスト教世界の問題でしかなかった。つまり、西欧のキリスト教徒にとっては重要な歴史的事象であっても、キリスト教徒ではない人には、「関係ないこと」と言うことができる。

しかし、ルネサンスはちがいます。ルネサンスで打ち上げられた精神は、西欧のキリスト教世界以外の文明圏に属す人々にとっても、「関係あること」なのです。それを実証するのが、日本語の「心眼」や「克己」。これ一事だけでも、中世末期にイタリアで起ったルネサンスが、時代や民族や宗教のちがいを超越して、普遍性をもつことができた理由であると思いますね」

主役たちの略歴一覧

「小鳥への説教(部分)」(ジョットー画。聖フランシスコ聖堂/アッシジ)

アッシジの聖フランチェスコ
San Francesco d'Assisi
1181/82-1228

イタリアの聖人。十三世紀初頭に起こったキリスト教会改革運動の指導者。一一八〇年代のはじめにアッシジの富裕な商家に生れる。家業を継いで放蕩な生活を送っていたが、二十代半ばで家族も含めて全てを捨て、清貧を旨とする生活に入った。一二〇九年、十二名の門弟を伴ってローマへ行き、法王イノセント三世の許可を得て伝道の範囲を拡大、「フランチェスコ修道会」を創設した。二四年、モンテ・デルヴェルナに隠遁、二八年、アッシジ近郊のポルティウンクラに没した。

コインに刻まれたフリードリッヒ二世

フリードリッヒ二世
Friedrich II
1194-1250

ドイツ・ホーエンシュタウヘン朝国王で、神聖ローマ帝国皇帝(在位一二二〇—五〇)、ナポリ・シチリア王(在位一一九七—一二五〇)。父はハインリッヒ六世。一二〇九年前後よりローマ法王との関係悪化。二七年、十字軍不参加を理由にローマ法王に破門される。二八年、破門を無視し第五回十字軍を率い出発。二九年、イェルサレム王となる。これ以後も、イタリア諸国およびローマ法王との対立はフリードリッヒの突然の死の日まで続く。一二五〇年、転戦中にトスカーナ地方で没す。

パラッツォ・ヴェッキオ（フィレンツェ）

アーノルフォ・ディ・カンビオ
Arnolfo d i Cambio
1245頃-1301/10

イタリアの彫刻家、建築家。後期ゴシックとルネサンス建築の感性を併せ持つ作品を残す。絵画をチマブエに、彫刻をピサーノから学び、ピサーノのアシスタントとしてシエナ大聖堂の説教壇の制作に携わる（一二六五—六八）。八一年、ペルージアの噴水を制作。九六年にフィレンツェの「花の聖母寺」（サンタ・マリア・デル・フィオーレ）の設計とファサードを飾る彫刻の制作に着手。「パラッツォ・ヴェッキオ」「サンタ・クローチェ教会」なども設計。一三〇一年もしくは一〇年、フィレンツェに没す。

「荘厳の聖母（部分）」
（ウフィッツィ美術館／フィレンツェ）

チマブエ
Cimabue
1251以前-1302

ビザンチン派最後のイタリア人画家、モザイク師。フィレンツェ派の基礎を築いたジョットーの師であったと言われる。ビザンチンの表現様式に忠実に従いながらも、人物像に雄大な人間的感情を吹き込み、キリスト教絵画の新時代を切り開いた。ダンテにより高く評価され、ヴァザーリも『美術家列伝』の最初に取り上げている。代表作にアッシジの聖フランチェスコ聖堂の上堂の「聖母の生涯」、フィレンツェのサンタ・クローチェ教会の「十字架上のキリスト」、「荘厳の聖母」など。

マルコ・ポーロ（ティツィアーノ画。ドーリア・パンフィーリ美術館／ローマ）

マルコ・ポーロ
Marco Polo
1254頃-1324

商人、冒険家、旅行家。著書に『東方見聞録』。一二五四年頃、ヴェネツィアに生れる。父、叔父とともに中央アジアを経て七五年、中国（元）に至る。フビライの信任を得て中国諸地方、東南アジアなどへ向かい、現地調査を行う。中国に十七年滞在したのち廷臣の職を辞し、九五年、インドやペルシアを経て海路帰国。ジェノヴァとの戦いで捕虜となり、獄中で『見聞録』を口述。マルコ・ポーロの残した情報が大航海時代に与えた影響は多大。一三二四年、ヴェネツィアに没す。

ダンテ（アンドレア・デル・カスターニョ画。ウフィッツィ美術館）

ダンテ
Dante
1265-1321

フィレンツェの詩人。ルネサンスの先駆けをつとめた。四十歳前から晩年にかけてトスカーナ方言で著した『神曲』があまりにも有名だが、国家は教会から独立して存するべきと提唱した『帝政論』など、ルネサンス精神を横溢させるラテン語の作品もある。恋愛詩集の『新生』を除けば、多くの作品は、三十代に行政長官としてフィレンツェの政治的混乱を収拾したものの追放され、イタリア各地の宮廷を放浪する過程で生れた。人間の理性の象徴として、古代ローマの詩人ヴェルギリウスに傾倒した。

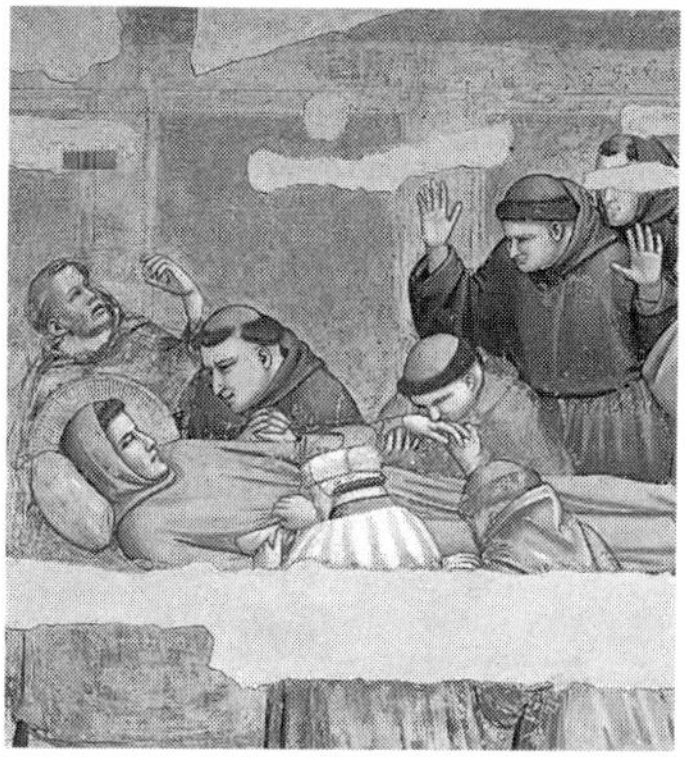

「聖フランチェスコの死(部分)」
(サンタ・クローチェ教会/フィレンツェ)

ジョットー
Giotto
1266/67/76-1337

イタリアの画家。チマブエの弟子とされる。一二六〇年代もしくは七〇年代にフィレンツェ近郊に小作農の息子として生れる。ローマ、アッシジ、パドヴァ、リミニ、ミラノ、ナポリなどイタリア各地にフレスコ画やテンペラの板絵を多数残す。作品にはアッシジの聖フランチェスコ聖堂の壁画、パドヴァのアレーナ礼拝堂の「ヨアキム伝」「聖母マリア伝」「キリストの生涯」、フィレンツェのサンタ・クローチェ教会の「聖フランチェスコ伝」など。一三三七年、フィレンツェで没する。

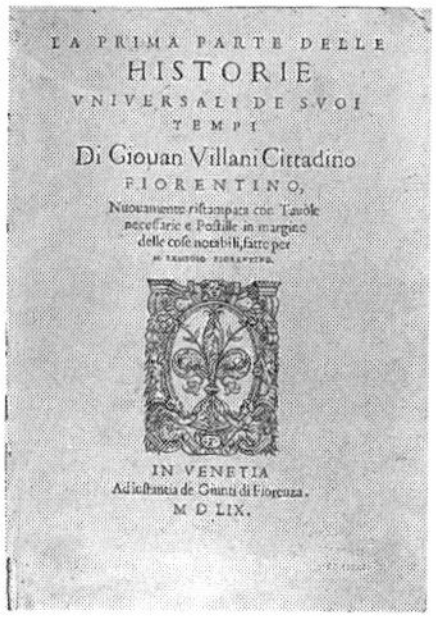

LA PRIMA PARTE DELLE
HISTORIE
VNIVERSALI DE SVOI
TEMPI
Di Giouan Villani Cittadino
FIORENTINO,
Nuouamente ristampata con Tauole
necessarie e Postille in margine
delle cose notabili, fatte per
IN VENETIA
Ad instantia de Giunti di Fiorenza.
M D LIX.

『年代記』(1559年版。ベルトリアーナ図書館/ヴィチェンツァ)

ジョヴァンニ・ヴィラーニ
Giovanni Villani
1275頃-1348

フィレンツェの歴史家、年代記編者。一三〇〇年より銀行家としてローマをはじめ欧州各地で活躍。銀行を辞した一三〇八年頃に『年代記』に着手。十二巻からなる『年代記』は、フィレンツェの繁栄の初期が日常語であるイタリア語で描かれており、当時のフィレンツェの行政、財政に関する詳細な統計記録としても貴重。一三四八年、大流行したペストでフィレンツェに没す。のちに弟マテオが四八年から六三年の記録を十巻に、その息子フィリポが六六年を一巻にまとめた。

ペトラルカ（アンドレア・デル・カスターニョ画。ウフィッツィ美術館）

ペトラルカ
Francesco Petrarca
1304-1374

フィレンツェを追放された人の息子として、アレッツォに生れる。ボローニャ大学等で法律を学ぶが、文学への想いが強く、イタリア諸侯の〝外交官〟を務めつつも、文学と古典を研究。抒情詩人として名声を博す。代表作は詩集『カンツォニエーレ』。一三四一年、ローマの元老院から桂冠を受け、桂冠詩人となる。七四年に没。詩作だけでなく、古代ローマの文筆家キケロの著作を発見したのをはじめ、セネカ、ヴェルギリウスからギリシアのホメロス、プラトンまで、古典の研究に多大な貢献をした。

ボッカッチョ（アンドレア・デル・カスターニョ画。ウフィッツィ美術館）

ボッカッチョ
Giovanni Boccaccio
1313-1375

詩人であり作家。一三一三年、フィレンツェ商人の庶子としてパリに生れる。二七年、商業を学ぶためナポリへ赴くが、文学に心を奪われる。アンジュー公の娘と恋に落ち、三〇年代から四〇年代前半にかけての小説、詩などは、ほとんどがこの王女マリアとの恋を主題とする。ペスト禍を逃れた十人の男女の語る百編の物語という形をとった代表作『デカメロン』は、四八年から五三年ごろにかけて執筆され、一四七〇年になって刊行された。晩年は、創作を捨て研究生活を送った。一三七五年没。

「ブルーニの墓(部分)」
(サンタ・クローチェ教会/フィレンツェ)

レオナルド・ブルーニ
Leonardo Bruni
1370頃-1444

イタリアの人文学者、政治家。一三七〇年頃、アゼッロに生れる。一四〇五年から法王庁の秘書官を務め、三七年から四四年に没するまでフィレンツェの書記官長を務めた。史料を厳しく検証し、『フィレンツェ共和国史十二巻』を著す。キケロ風の優雅な文体で、プラトン、アリストテレス、プルタルコスなどのギリシア古典を多数ラテン語に翻訳し、西欧のギリシア文学研究の進歩に貢献。ダンテやペトラルカ、ボッカッチョの伝記をイタリア語で著す。フィレンツェで没。

花の聖母寺(フィレンツェ)

ブルネレスキ
Filippo Brunelleschi
1377-1446

フィレンツェの建築家、技師。イタリア・ルネサンス建築の嚆矢であり、後世にも多大な影響を与えた。数学的才能に富み、構造上不可能と思われたドーム(円蓋)形の建築を実現。大円蓋を擁する「花の聖母寺」(サンタ・マリア・デル・フィオーレ)はフィレンツェの象徴となる。「パッツィ家礼拝堂」「ピッティ宮」、最初のルネサンス建築とも言われる「孤児養育院」など数々の傑作を残した。築城家としても活躍、各地の城塞の建築、改築に関わる。フィレンツェに没し、花の聖母寺に埋葬された。

「天国の門(部分)」(サン・ジョヴァンニ洗礼堂)

ギベルティ
Lorenzo Ghiberti
1378頃-1455

フィレンツェの彫刻家。ルネサンス芸術の重要な指導者、先駆者。一三七八年頃ペラーゴに生れ、金細工師の父の下で技術を習得、絵画も学ぶ。一四〇二年、コンクールに優勝しフィレンツェのサン・ジョヴァンニ洗礼堂の門扉を制作。この門扉「天国の門」はルネサンス期のブロンズ彫刻の傑作のひとつ。ギベルティの工房にはドナテッロ、ウッチェッロなども参加した。美術の歴史と理論に関する三巻からなる『覚書』を著す。オル・サン・ミケーレ聖堂の三体の聖人像も有名。五五年、フィレンツェに没す。

ブラッチョリーニ(ブラッチョリーニの著作より。ヴァチカン図書館)

ポッジョ・ブラッチョリーニ
Poggio Bracciolini
1380-1459

フィレンツェの人文学者、書家。一三八〇年、テッラヌオヴァ生れ。フィレンツェで写本の専門家として活躍。ローマン活字体のプロトタイプを発明。一四〇三年、ローマに移り法王ボニファティウス九世に仕える。一五年、クリュニーでのキケロの未発表演説草稿発見を皮切りに、欧州各地の修道院でキケロやクインティリアヌスなどラテン語古典の貴重な写本を多数発見。五三年、フィレンツェの書記官長に就任、市史を編纂。著書に『滑稽譚』。五九年、フィレンツェに没す。

「ガッタメラータ将軍像」（サント広場／パドヴァ）

ドナテッロ
Donatello
1386頃-1466

イタリア・ルネサンスを代表する彫刻家。古代彫刻に関する知識では同時代人随一。フィレンツェに織物職人の息子として生れ、十代の終わり頃にギベルティの工房に入る。一四三〇年代にローマに長期滞在し、古典彫刻を研究。四三年から五三年まではパドヴァに居を移す。五七年以降は、フィレンツェとシエナの両市に交互に滞在する。大理石、ブロンズ、木彫の作品を数多く残した。六六年、フィレンツェに没す。代表作に「竜と戦う聖ゲオルギウス」「ダビデ像」「ガッタメラータ将軍像」など。

「サン・ロマーノの戦い（部分）」
（ウフィッツィ美術館）

ウッチェッロ
Paolo Uccello
1397-1475

フィレンツェの画家。華やかな後期ゴシックと初期ルネサンスの大胆な手法を調和させた独特の画境を開拓。十歳からギベルティの工房に入り、修業を積む。一四二五年から三一年までヴェネツィアでモザイクの制作に携わるが、作品は残っていない。その後、フィレンツェに戻り、サンタ・マリア・ノヴェッラ修道院の回廊を飾る壁画などを描く。五六年にはメディチ家の依頼で、フィレンツェとシエナの間で起った戦闘「サン・ロマーノの戦い」（三二年）を含む連作を完成させた。遠近法の研究者でもある。

トスカネッリ（ジョルジョ・ヴァザーリ画。パラッツォ・ヴェッキオ）

トスカネッリ
Paolo dal Pozzo Toscanelli
1397-1482

イタリアの数学者、天文学者、地理学者。一三九七年、フィレンツェに医者の息子として生まれる。パドヴァ大学で数学と哲学、医学を学んだ後は、主にフィレンツェで活動。自然科学の様々な研究を続け、レオン・バッティスタ・アルベルティをはじめとする多くの学者や芸術家とも親交を深め、同時代の学術研究の中心的存在となる。ブルネレスキに幾何学を教え、彗星の緻密な観測により天体図を作成し、またコロンブスの航海計画に影響を与えたと言われる。一四八二年、フィレンツェに没す。

「聖母子像」
（孤児養育院付属美術館／フィレンツェ）

ルカ・デラ・ロッビア
Luca della Robbia
1399/1400-1482

フィレンツェのルネサンス彫刻の先駆者の一人。一三九九年もしくは一四〇〇年フィレンツェに生まれる。三一年、サンタ・マリア・デル・フィオーレのために制作した大理石聖歌壇浮彫りは、ルネサンス彫刻の代表的作品。四一年、サンタ・マリア・ノヴェッラ聖堂のために聖櫃を制作。テラコッタに釉薬を施す技法を完成し、サンタ・マリア・デル・フィオーレの聖具室の扉の上に飾られたキリスト復活図と昇天図の陶像はその手法による代表的作品。一四八二年、フィレンツェに没す。

フラ・アンジェリコ（ルカ・シニョレッリ画。オルヴィエート大聖堂）

フラ・アンジェリコ
Fra Angelico
1400頃-1455

十五世紀を代表するフィレンツェの画家の一人。優美な画風と質素な人柄によって「天使のような（フラ・アンジェリコ）」と呼ばれる。一四二〇年頃にドミニコ会のサン・マルコ修道院に入り、修道生活を送りながら祭壇画、壁画の名作を多数残す。四六年、法王庁に招かれニッコリーナ礼拝堂の壁画「聖ステファノと聖ラウレンティウス伝」を、五〇年頃、フィレンツェのサンティッシマ・アヌンツィアータ聖堂の銀器収納戸棚の扉絵を描く。五五年、ローマに没す。代表作に「受胎告知」「十字架降下」など。

「受胎告知」（フラ・アンジェリコ画。サン・マルコ修道院／フィレンツェ）

「聖ペテロの生涯」から「貢の銭（部分）」
（ブランカッチ礼拝堂／フィレンツェ）

マサッチオ
Masaccio
1401-1428

初期ルネサンスを代表する画家。フィレンツェ近郊に、書記を父に、宿屋の娘を母に生れる。二十一歳でフィレンツェの職人組合に入会。現存する最初期の作品は、「サン・ジョヴェナーレ三連祭壇画」。主にフィレンツェで活動。サンタ・マリア・ノヴェッラ聖堂の「聖三位一体」は、壁画では初めて科学的な遠近法を用いたことで知られる。カルミネ聖堂のブランカッチ礼拝堂の「聖ペテロの生涯」の手法と表現力は、ルネサンス絵画に大きな影響を与えた。その後、ローマに呼ばれるが、二十八歳で夭折。

サンタ・マリア・ノヴェッラ聖堂

レオン・バッティスタ・アルベルティ
Leon Battista Alberti
1404-1472

イタリアの建築家、画家、彫刻家、著述家、人文主義者。一四〇四年、ジェノヴァに生れ、ボローニャ大で法律を学ぶ。法王庁に仕えながら多彩な才能を発揮し「万能の人」とも呼ばれる。特に建築家として、フィレンツェのサンタ・マリア・ノヴェッラ聖堂のファサードやマントヴァの「サンタンドレア聖堂」などを手がけ、ルネサンス建築の基礎を確立した。その建築理論は主著『建築論』にまとめられ、ヨーロッパの芸術全般に大きな影響を及ぼした。七二年、ローマに没す。

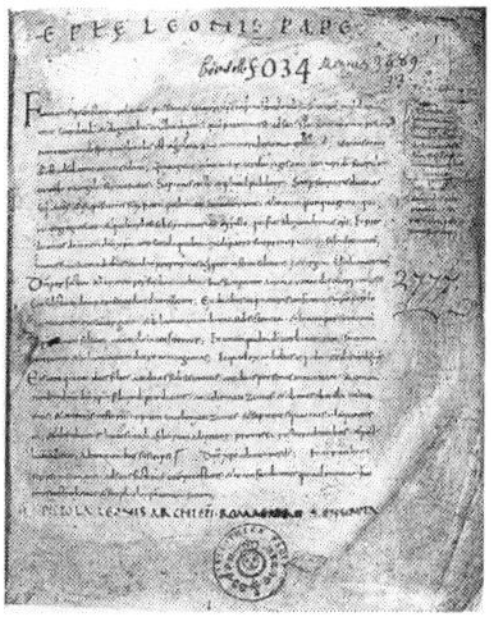

『コンスタンティヌスの寄進状』
（フランス国立図書館／パリ）

ロレンツォ・ヴァッラ
Lorenzo Valla
1407-1457

イタリアの人文主義者、哲学者。法王庁の裁判官の息子。一四〇七年、ローマ生れ。パドヴァ大で修辞学を教える傍ら『快楽論』を著す。その後ナポリ王アルフォンソの廷臣となる。一四四〇年、『コンスタンティヌスの寄進状』が偽作であることを証明。一四四八年、法王ニコロ五世により秘書官に任ぜられローマに移り、ツキディデスやヘロドトスを翻訳。新約聖書の各種写本の研究も行なった。著書『ラテン語の優雅さ』は欧州中の学校で教科書として使われた。一四五七年、ローマに没す。

「フェデリーコ・ダ・モンテフェルトロの肖像」
（ウフィッツィ美術館）

ピエロ・デラ・フランチェスカ
Piero della Francesca
1420頃-1492

ウンブリア派の画家。一四二〇年頃、アレッツォ近郊のサンセポルクロに靴職人の息子として生れ、画家を志してフィレンツェに出る。成功してからは生地やフェラーラなどを活動の拠点にした。代表作にアレッツォの聖フランチェスコ聖堂の「聖十字架伝説」、「ウルビーノ公夫妻の肖像」など。数学などの学問にも通じ、晩年は実作より理論面の探究に関心を注ぐ。遠近法を地道に研究し『絵画における遠近法』などを著す。二十世紀に入りこの研究はイタリア・ルネサンスの偉業と高く評価された。

ジェンティーレ・ベッリーニ
Gentile Bellini
1429-1507

「マホメッド二世の肖像」
（ナショナル・ギャラリー／ロンドン）

ヴェネツィア派の画家。同じく画家である父親ヤコポの工房で修業。一四六六年、ヴェネツィアの聖マルコ寺院のオルガンの扉絵を制作。七九年、ヴェネツィアの元首の命でコンスタンティノープルに赴き、当時のスルタン、マホメッド二世の肖像画を描いた。「聖マルコ広場の十字架の行列」など、多くの会所《スクオーラ》のために、ヴェネツィアを題材にした大型の宗教画を描くが、これらは十五世紀のヴェネツィアの建造物や生活を綿密に描写した記録としても重要。一五〇七年、ヴェネツィアに没す。

ジョヴァンニ・ベッリーニ
Giovanni Bellini
1429-1516

「ドージェ・レオナルド・ロレダン像」
（ナショナル・ギャラリー／ロンドン）

ヴェネツィアをルネサンス芸術の中心として確立させた画家の一人。ジェンティーレとは兄弟。一四八〇年代には、トルコへ派遣されたジェンティーレに代わり、ヴェネツィアの元老院議場を飾る絵画を制作。この時描いた七、八枚の絵は生涯最高の作品であったと言われるが、後の火災で焼失。当時ヴェネツィア最大と言われた彼の工房では、ジョルジョーネやティツィアーノなども修業したといわれる。代表作に、「ペーザロ祭壇画」「恍惚の聖フランチェスコ」など。一五一六年、ヴェネツィアに没す。

「婦人の肖像(部分)」
(ポルディ・ペッツォーリ美術館／ミラノ)

ポライウォーロ
Antonio del Pollaiuolo
1432/33-1498

彫刻家、画家、版画家、金細工師。一四三二年もしくは三三年、フィレンツェに生れる。弟のピエロと共同で工房を営み、連名で多くの作品を残し、フィレンツェ芸術の発展にも大いに貢献した。彼らの工房は十五世紀後半のフィレンツェにおいて最も重要な工房のひとつと見なされている。ポライウォーロは、最も早い時期に死体解剖により人間の肉体を研究した芸術家の一人。八四年、ローマでインノチェンツォ八世とシスト四世の墓を制作。九八年、ローマに没す。

フィチーノ(ドメニコ・ギルランダイオ画。サンタ・マリア・ノヴェッラ聖堂／フィレンツェ)

マルシリオ・フィチーノ
Marsilio Ficino
1433-1499

哲学者、神学者、言語学者。一四三三年、フィレンツェに医者の息子として生れる。ラテン語を習得後、アリストテレス哲学と医学を学ぶ。さらにギリシア語を習得し、メディチ家の庇護の下にプラトンとプロティノスの全著作および他の新プラトン派の著作をラテン語に翻訳し研究。フィレンツェのプラトン・アカデミーの学長も務める。プラトン主義を復活させ、キリスト教との融和を提唱。二世紀にわたり欧州の思想に影響を与える。著作に『プラトン神学』。九九年、フィレンツェに没す。

「バルトロメオ・コッレオーニ騎馬像」(サンティ・ジョヴァンニ・エ・パオロ教会／ヴェネツィア)

ヴェロッキオ
Andrea del Verrocchio
1435-1488

彫刻家、画家。レオナルド・ダ・ヴィンチの師。一四三五年生れ。フィレンツェに大規模な工房を営み、レオナルドをはじめペルジーノ、ロレンツォ・ディ・クレディ、ボッティチェッリなど多くの芸術家を育てる。六八年、聖ロレンツォ教会聖具室のジョヴァンニとピエロ・ディ・メディチの墓のために彫刻を制作。八三年、オル・サン・ミケーレ聖堂のブロンズ群像「聖トマスの懐疑」制作。「バルトロメオ・コッレオーニ騎馬像」はルネサンス彫刻の代表的作品。八八年、ヴェネツィアに没す。

サン・ピエトロ・イン・モントーリオ修道院内の小聖堂(ローマ)

ブラマンテ
Donato Bramante
1444-1514

盛期ルネサンスを代表する建築家の一人。北イタリアのウルビーノ近郊に生れる。ウルビーノでピエロ・デラ・フランチェスカの助手として研鑽を積む。一四七七年、ロンバルディアに移り、当初は画家としてフレスコ画などを手がけていたが、次第に建築に専念するようになる。八八年、パヴィアの大聖堂を設計。一五〇〇年頃、活動の場をローマに移し、ジュリオ二世に依頼され、聖ピエトロ大寺院の改築プランなどを手がけた。「サンタ・マリア・デレ・グラツィエ教会」も設計。一四年、ローマに没す。

「三王礼拝」画中の自画像
（ウフィッツィ美術館）

ボッティチェッリ
Sandro Botticelli
1445-1510

ルネサンスでもっとも有名なフィレンツェ派の画家の一人。フィリッポ・リッピに弟子入りし、二十代半ばには、既に工房を持つ画家として活躍していた。一四八一年にはローマに呼ばれ、システィーナ礼拝堂の壁画制作に参加している。しかし、一四九〇年代のサヴォナローラの台頭により宗教に傾倒、画風が一変し、後に筆を折り、貧困のうちに没したとも言われる。生涯独身。代表作に「ヴィーナスの誕生」「プリマヴェーラ（春）」「三王礼拝」などがあり、宗教的主題の祭壇画を多数残した。

「プリマヴェーラ（春）」
（ボッティチェッリ画／ウフィッツィ美術館）

「聖母のエリザベス訪問(部分)」
(サンタ・マリア・ノヴェッラ聖堂)

ドメニコ・ギルランダイオ
Domenico Ghirlandaio
1449-1494

ボッティチェッリと並び、十五世紀後半のフィレンツェを代表する画家。一四四九年、金細工職人の家に生れる。フィレンツェのオンニサンティ聖堂のフレスコ画「慈悲の聖母とピエタ」が最も初期の作品とされる。ボッティチェッリが華麗な画風を好んだのに対し、写実的な作風で知られる。当時の建築物や風景を取り込んだ壮大なフレスコ画が多い。代表作にサンタ・マリア・ノヴェッラ聖堂の「聖母の生涯」や、パラッツォ・ヴェッキオの「聖ゼノビウスと聖人たち」など。

マヌッツィオ(ベッリーノ画の肖像をもとにした版画。ロチェスター工科大学/ニューヨーク)

アルド・マヌッツィオ
Aldo Manuzio
1449-1515

ルネサンスを代表する出版業者。一四四九年、南イタリアの小さな村に生れる。ローマとフェラーラで学んだ後、九〇年にヴェネツィアへ赴き、学者や植字工を集めることで出版業の準備に着手、九五年、アルド出版社を創業。学者たちとの共同作業で原典を正確に再現したギリシア語、ラテン語の古典に加え同時代の作家の作品も多く出版。死後も、事業は妻の兄弟のアソラーニを経て息子のパオロ、孫のアルドへと受け継がれた。十六世紀末までの百年間に、アルド一家は一千種類の書籍を出版したと言われる。

コロンブス（リドルフォ・ギルランダイオ画。ペーリ船舶博物館／ジェノヴァ）

コロンブス
Christoforo Columbus
1451-1506

航海者であり探検家。実の名はクリストフォロ・コロンボ。一四五一年、ジェノヴァの毛織物業者の家に生れ、少年期より船で欧州各地を回る。一四七〇年代から、数々の資料を分析した末、大西洋を西に航海すればインドに到達できると確信する。この計画をスペインのイザベラ女王の援助を得て実現、九二年、西インド諸島に到達した。以降、アメリカ大陸へ計四回の航海を果たすが、本人は最後まで、到達したのはインドの一部であると信じていた。一五〇六年、スペインのバリャドリードに没す。

自画像（トリノ王立図書館）

レオナルド・ダ・ヴィンチ
Leonardo da Vinci
1452-1519

フィレンツェ近郊ヴィンチ村の生れ。死後五百年に近い今日も、「天才」「万能の人」の名をほしいままにする。フィレンツェのヴェロッキオ工房で修業時代を送り、「受胎告知」等を制作。三十歳を過ぎてミラノに赴き、スフォルツァ家の庇護下で「最後の晩餐」等を描き、一五〇〇年にフィレンツェに戻る。晩年はフランソワ一世に招《よ》ばれフランスで過ごし、没した。画家、彫刻家、建築家、発明家にして、解剖学、植物学、土木工学、物理学と、あまたの分野で時代を遥かに先取りする才能を示す。

詩人、古典・人文学者。ギリシア語とラテン語、詩、哲学、言語学の全てに才能を発揮する。一四五四年、イタリア中部のトスカーナ生れ。七五年、ロレンツォ・デ・メディチの長男ピエロの家庭教師としてメディチ家に迎えられる。ホメロス作の『イーリアス』のラテン語訳で名声を獲得。八〇年よりフィレンツェでギリシア・ラテン文学を講じた。ジュリアーノ・デ・メディチのために書かれた詩『スタンツェ』(七五—七八年)は、イタリア文学の傑作のひとつ。九四年、フィレンツェに没す。

ポリツィアーノ(ドメニコ・ギルランダイオ画。サンタ・マリア・ノヴェッラ聖堂)

ポリツィアーノ
Angelo Poliziano
1454-1494

フィレンツェ出身の商人・航海者。「アメリカ」という名は彼の名に由来する。一四七九年、メディチ家の広報担当としてフランスに赴く。帰国後メディチの銀行に入り信任を得、九一年、セビリアへ赴任、九五年もしくは九六年には支店を任されるようになる。その後スペイン王室から援助を受けアメリカ大陸に渡航、大西洋岸を南下し現在のブラジルに達したとされる。ヴェスプッチはコロンブスとは違い、この新大陸がインドの一部ではないことを認識していた。一五一二年、セビリアに没する。

ヴェスプッチ
(作者不詳。ウフィッツィ美術館)

アメリゴ・ヴェスプッチ
Amerigo Vespucci
1454-1512

ヴァスコ・ダ・ガマ（16 世紀の書籍より。フランス国立図書館／パリ）

ヴァスコ・ダ・ガマ
Vasco da Gama
1460頃-1524

ポルトガルの航海者。ポルトガル王エマヌエルの命により、アフリカ南端の喜望峰を回る探検航海を率いる。一四九七年にリスボンを出発。一四九八年に航海は成功し、インド南西岸のカリカットに達し、西欧からインドへの航路を開拓し、帰国する。その後も、カリカットでの反乱鎮圧のため派遣され、現地人を虐殺、港を焼き払った。その際、カリカットより南にあるコーチンを開港。一五二四年、インド総督に任ぜられ三度目の航海に成功するも、同年インドで生涯を終える。

「聖ウルスラの昇天（部分）」（アカデミア美術館／ヴェネツィア）

カルパッチョ
Vittore Carpaccio
1460頃-1525/26

ヴェネツィア・ルネサンスの初期を代表する画家。一四六〇年頃ヴェネツィアに生れる。初期の作品にはジェンティーレ・ベッリーニやアントネッロ・ダ・メッシーナらの影響が見られる。一四九〇年頃、サンタ・ウルスラ会所《スクオーラ》のための「聖ウルスラ伝」に着手、独創的な作風を確立。表現力や光の描写が高く評価される。他の作品にサン・ジョルジョ・デリ・スキアヴォーニ会所の「聖ヒエロニムス」連作、サント・ステファノ会所の「聖ステファノ伝」。一五二五年もしくは二六年、ヴェネツィアに没す。

ピコ・デラ・ミランドラ（コシモ・ロッセッリ画。サンタンブロージョ教会／フィレンツェ）

ピコ・デラ・ミランドラ
Pico della Mirandola
1463-1494

人文学者にして哲学者。一四六三年、ミランドラに領主の息子として生れ、ボローニャ大学で教会法を、パドヴァ大学でアリストテレス哲学を学ぶ。ヘブライ語を始め多くの言語も修得。欧州各国から多数の学者を招き、九百もの命題を討議しようとするも、そのうち十三がローマ教会に異端とみなされ投獄される。釈放後はメディチ家の庇護を受け、晩年はサヴォナローラに傾倒。『人間の尊厳について』（一四八六年記、九六年刊）によって、ルネサンスの新しい人間観を表現。一四九四年、フィレンツェに没す。

マキアヴェッリ（サンティ・ディ・ティート画。パラッツオ・ヴェッキオ／フィレンツェ）

マキアヴェッリ
Niccolo Machiavelli
1469-1527

フィレンツェの中産階級に生れる。フィレンツェを支配していたメディチ家が追われた後、二十九歳でフィレンツェ共和国の第二書記局書記官に採用される。その後も、共和国大統領の秘書官、法王への外交使節など、公式非公式のさまざまな要職を務め、共和国の政治運営を支えた。一五一二年、メディチ家が再び権力を握ると同時に免職、追放され、近郊の山荘に隠遁。以後、執筆活動に専念する。代表作は『君主論』（一五三二年刊）。他に『政略論』『フィレンツェ史』など。

エラスムス
（クエンティン・マセイス画。ローマ国立美術館）

エラスムス
Desiderius Erasmus
1469-1536

北方ルネサンスの代表的人文学者。ギリシア語版新約聖書初の印刷校訂本を出版。多数の古典の注釈校訂を行う。著書に『痴愚神礼讃』『キリスト教戦士の手引き』。一四六九年、オランダ・ロッテルダムに司祭の庶子として生れ、アウグスティノ修道会、カンブレイの司教の廷臣を経てパリへ留学。ケンブリッジ大でも教鞭を執る。二一年にバーゼルで出版業者フローベの客となり、三六年、この地に没す。宗教を批判し宗教改革に多大な影響を与えるも、ルターとは対立、後に決裂した。

自画像（アルテ・ピナコテーク／ミュンヘン）

デューラー
Albrecht Dürer
1471-1528

画家、版画家。ドイツ・ルネサンス最大の巨匠。数多くの祭壇画、宗教画、肖像画、自画像を残す。一四七一年、独ニュルンベルグに金細工師の息子として生れ、父の工房のデッサン師となる。八六年、画家ウォールゲムートに師事。九〇年より各地を旅行。イタリアではポライウォーロとマンテーニャの版画に大きな影響を受ける。この後、人体比例や遠近法を研究。作品に「聖母の七つの悲しみ」「ランダウアー祭壇画」「四人の使徒」「ヨハネ黙示録連作」など。一五二八年、ニュルンベルグに没す。

ミケランジェロ
（ラファエッロ画。署名の間／ヴァティカン）

ミケランジェロ
Michelangelo
1475-1564

一四七五年、フィレンツェ近郊のカプレーゼに生れる。師はギルランダイオ。二十歳を過ぎてローマへ赴き、「バッカス」「ピエタ」などの彫刻を制作する。一五〇一年、フィレンツェに戻り「ダビデ像」を手がけた。二七年、法王と神聖ローマ皇帝によるフィレンツェ攻囲戦で防衛側に回り、後にヴェネツィアへ逃れた。やがて法王の許しを得て、三四年からローマでシスティーナ礼拝堂内の祭壇画の制作にかかり、四一年、「最後の審判」を完成。晩年は聖ピエトロ大寺院の建築監督も務めた。八十八歳で死去。

自画像（ヘルツォーク・アントン・ウルリヒ美術館／ブラウンシュヴァイク）

ジョルジョーネ
Giorgione
1477-1510

ヴェネツィアの画家。盛期ルネサンス様式の創始者の一人。一四七七年に生れ、九〇年頃、ジョヴァンニ・ベッリーニの下で修業を始める。初期の作品に、ヴェネツィアのドイツ商館外壁のフレスコ画装飾がある。生れ故郷のカステルフランコにあるサン・リベラーレ聖堂の「カステルフランコの祭壇画」、同時代の知識人が風景画の傑作と評した「嵐」なども有名。当時大流行したペストに冒され若くして世を去る。その死は、イザベッラ・デステをして「ヴェネツィア中が憤怒している」と言わしめたほど。

トマス・モーア（ハンス・ホルバイン画。フリック・コレクション／ニューヨーク）

トマス・モーア
Sir Thomas More
1477-1535

イギリスの政治家、人文学者。一四七七年、ロンドンに法律家の息子として生れ、オクスフォード大学に学ぶ。九九年より四年をカルトゥジオ修道会で過ごすが聖職には就かず。しかし宗教的信念は生涯持ち続けた。一五一〇年、ロンドン副長官。一六年、著書『ユートピア』で理想的な国家像を描く。二九年に大法官となるが、ヘンリー八世がローマ教会と決裂したため、三二年に辞職。三五年、教会の首長としての法王の地位を否定する宣誓を求められたが拒否、大逆罪に問われ処刑された。

マゼラン
（作者不詳。ウフィッツィ美術館）

フェルディナンド・マゼラン
Ferdinand Magellan
1480頃-1521

ポルトガルの航海者。一五〇五年、ポルトガルの初代インド総督に同行し東インドへ赴き、一二年に帰国。一九年、スペイン国王の命で、西回りでインドに達する航路を開拓するため、船団を率いて出航。南米の最南端（現在のマゼラン海峡）を通過し太平洋へ抜けるルートを発見した。その後、船団はフィリピンに達するが、現地人との戦いで、二一年、マゼランは戦死。生き残った団員たちは一隻の船で航海を続け、一五二二年にスペインへ帰還した。史上初の世界周航とされる。

自画像（ウフィッツィ美術館）

ラファエッロ
Raffaello Sanzio
1483-1520

一四八三年、イタリアのウルビーノに画家の子として生れる。最初父に絵を習い、後にペルージアに赴いてペルジーノの弟子となる。一五〇四年、フィレンツェに移り、レオナルド・ダ・ヴィンチやミケランジェロの影響も受ける。四年後にローマに移り、法王ジュリオ二世に重用され、ヴァティカン宮殿内の三室の壁画制作にとりかかる（「アテネの学堂」など）。聖ピエトロ大寺院の建築にも携わる一方、古代ローマ遺跡の発掘や復興にも尽くしたが、三十七歳の若さで世を去った。他に聖母子像や婦人像多数。

「ボルセーナのミサ（部分）」
（ラファエッロ画。ヘリオドロスの間／ヴァティカン）

ルター（ルーカス・クラナハ画。
ポルディ・ペッツォーリ美術館／ミラノ）

マルティン・ルター
Martin Luther
1483-1546

ドイツの宗教家。ザクセンに生れる。エルフルト大学を卒業後、一五〇七年にアウグスティノ修道会の司祭となり、一二年にはヴィッテンベルク大学の教授職に就く。その間、ローマ教会の退廃に疑問を抱き、ドイツでも免罪符の販売が始まった一七年、これに反対して「九五カ条の論題」を発表。二一年にローマ教会から破門された。同時期に神聖ローマ帝国議会から召喚され、主張の撤回を迫られるが、これも拒否。その後はザクセン選帝侯の庇護の下、新約聖書のドイツ語訳に取り組んだ。

自画像（プラド美術館／マドリッド）

ティツィアーノ
Vecellio Tiziano
1487-1577

イタリア・ルネサンスを代表するヴェネツィア派の画家。イタリア北西部の小村で生れる。ヴェネツィアでジョヴァンニ・ベッリーニに弟子入りし、兄弟子のジョルジョーネからも影響を受けた。活動の初期は彼らとの合作も多い。十六世紀に入り、ヴェネツィア共和国の公認画家に任命される。一五一八年制作の「聖母被昇天」が有名に。神聖ローマ帝国皇帝カール五世が三顧の礼をつくして迎えた唯一の画家としても有名。ローマに招かれ、法王パオロ三世の依頼で肖像画も制作した。

ラブレー（ルイ・ヴァランタン・エリアス・ロベール画。個人蔵）

ラブレー
François Rabelais
1494-1553

フランス・ルネサンスを代表する作家。一四九四年、ポアトゥーの弁護士の息子として生れ、法律を学んだ後、司祭となる。パリで医学を修得。風刺と笑いに富む豪放な長編の『パンタグリュエル（第二の書）』（三二年）と『ガルガンチュア（第一の書）』（三四年）を発表。当初は深い人文学の知識が賞賛されたが、後に宗教に対する風刺と卑猥なユーモアが迫害の対象となり、時の権力者の保護下に身を置くことになる。『第三の書』は四六年に発表、『第四の書』を発表直後の五三年、パリに没す。

サン・ジョルジョ・マッジョーレ聖堂

パラーディオ
Andrea Palladio
1508-1580

十六世紀北イタリアを代表する建築家。一五〇八年、パドヴァに生れ、ヴィチェンツァで石工として働く。ローマに行き、古代ローマやルネサンス最盛期の建築を研究。後の作風に大きな影響を受ける。ヴィチェンツァやヴェネツィアにはパラーディオの作品である建造物が多く残る。代表作はヴィラ・ロトンダ、サン・ジョルジョ・マッジョーレ、テアトロ・オリンピコ。古典建築に関する四冊の建築論を著し、後の欧州建築に多大な影響を与えた。八〇年、ヴィチェンツァに没する。

ティントレット
Tintoretto
1518-1594

自画像（ウフィッツィ美術館）

ヴェネツィアの画家。本名ヤコポ・ロブスティ。ティントレットとは父親が染物師（ティントーレ）だったことからついたあだ名。ティツィアーノから絵を学んだという説もある。生涯のほとんどをヴェネツィアで過ごし、サン・ロッコ会所《スクオーラ》やパラッツォ・ドゥカーレなどに多くの作品を納めた。肖像画家としても名高く、政治家、貴族、学者などを中心に百点近くが残っている。最晩年には、サン・ジョルジョ・マッジョーレ聖堂のために「最後の晩餐」など三枚を制作、完成の数ヵ月後に死去した。

パオロ・ヴェロネーゼ
Paolo Veronese
1528-1588

「ダレイオス一族とアレクサンドロス大王（部分）」（ナショナル・ギャラリー／ロンドン）

十六世紀ヴェネツィア派を代表する画家。ヴェローナに生れ、初めは家業の石工に携わるが、後に画家に転向。同地の画家バディーレの下で修業する。一五五三年にヴェネツィアに移ってからは元老院議場の天井画（五五—五六年）などを任され名声を高めた。一方、七三年に、サンティ・ジョヴァンニ・エ・パオロ教会の注文により制作された「レヴィ家の人々」は、当初「最後の晩餐」という題名だったが、酔っ払いや道化まで描かれていたことが異端審問所で問題となり、題名の変更を余儀なくされる。

モンテーニュ
（トマ・ドゥ・ルー画。個人蔵）

モンテーニュ
Michel de Montaigne
1533-1592

思想家、随筆家。『随想録（エセー）』によって新しい文学ジャンルを確立。フランス・ルネサンス最高のモラリストと言われる。モンテーニュに領主の息子として生れ、豊かな人文教育を受け、トゥールーズ大で法律を学ぶ。ボルドーの高等法院参議となるが、一五七〇年に辞職。その後は勉学と執筆、思索の日々を送るが、八一年から八五年まではボルドー市長を務めている。『エセー』は七二年に執筆を開始し、八〇年に最初の二巻、八八年には第三巻を出版。また、各地を旅行し、『イタリア紀行』も著す。

「聖母被昇天（部分）」
（サンタ・クルス美術館／トレド）

エル・グレコ
El Greco
1541-1614

スペインの画家。一五四一年、ヴェネツィア領クレタ島に生れる。六〇年頃ヴェネツィアに渡りティツィアーノの弟子となり、ローマにも滞在。イタリア時代のグレコは、十六世紀ヴェネツィア・ルネサンス様式の絵画を描く。七七年スペインに移り、トレドに定住。奇抜な構図や色彩で独特の画風を創造、宗教関係者や知識人に高く評価される。代表作に「聖衣剝奪」「聖マルシリウスの殉教」「オルガス伯爵の埋葬」「キリストの洗礼」「キリストの磔刑」など。一六一四年、トレドに没する。

セルバンテス(作者不詳。スペイン国立図書館/マドリッド)

セルバンテス
Miguel de Cervantes Saavedra
1547-1616

スペインの小説家、詩人、劇作家。近代小説の先駆的作品『ドン・キホーテ』は六十を超える言語に翻訳されている。一五四七年、アルカラ・デ・エナーレス生れ。六九年、ローマで枢機卿アクアヴィヴァに仕える。七一年、レパントの海戦に参加、負傷し左手の自由を失う。七五年、帰国の途中、海賊に襲われ捕虜となり、アルジェリアで五年の奴隷生活を送る。八〇年に帰国後、多数の詩や戯曲を書きスペイン演劇界の発展に貢献。短編集『模範小説集』も残す。一六一六年、マドリッドに貧困の中で没する。

シェークスピア(マーティン・ドルースハウト画。ロンドン国立肖像美術館)

ウィリアム・シェークスピア
William Shakespeare
1564-1616

イギリスの劇作家、詩人。文学史上不朽の名作を数多く残した。一五六四年、ストラットフォード・オン・エイヴォン生れ。八〇年代後半にロンドンに出て劇場に雇われ、後に俳優兼座付作者となる。九〇年頃からおよそ二十年間劇作に専念し、その才能を余すところなく発揮し名を成す。作品には四大悲劇『ハムレット』『オセロ』『リア王』『マクベス』のほか『ジュリアス・シーザー』『ロミオとジュリエット』『ヴェニスの商人』『真夏の夜の夢』など。一六一一年に引退し故郷に帰り、一六年没。

《人名録他》写真提供

Archivi Alinari, Firenze

p.190 上，p.191 上，p.191 下，p.192 上，p.192 下，p.193 上（/Giraudon），p.194 上，p.194 下，p.195 上（/Giraudon），p.196 上，p.197 上，p.197 下（/Giraudon），p.198 上，p.198 下，p.200 下（/Giraudon），p.201 下，p.203 上，p.204 上，p.205 下，p.206 上，p.207 下，p.208 下，p.209 下（/Giraudon），p.210 上，p.210 下，p.212 上，p.212 下，p.213 下，p.214 下，p.215 上

© ARTEPHOT

p.204下（/NIMATALLAH），p.209上（/ORONOZ），p.216上（/Jean-Paul DUMONTIER）

© Blauel/Gnamm - ARTOTHEK

p.211 下

Biblioteca Civica Bertoliana，Vicenza

p.193 下

© Biblioteca Apostolica Vaticana

p.196 下

Biblioteca Nacional，Madrid

p.219 上

© Bibliothèque nationale de France

p.201 上

Cappella Sistina, Musei Vaticani

カバー，扉

By Courtesy of Cary Graphic Arts Collection，RIT，Rochester，N.Y.

p.206 下

© The Frick Collection, New York

p.213 上

© The National Gallery，London

p.202 上，p.202 下，p.217 下

By Courtesy of National Portrait Gallery, London

p.219 下

Scala, Firenze

p.199 上，p.199 下，p.200 上，p.203 下，p.205 上，p.207 上，p.208 上，p.211 上，p.214 上，p.215 下，p.216 下，p.217 上，p.218 下

The University of Chicago

p.218 上

松藤庄平

p.195 下

図版出典一覧

《本文》

p. 17　「小鳥への説教」(連作「聖フランチェスコの生涯」より)　ジョットー画　聖フランチェスコ聖堂（アッシジ／イタリア）　Photo: Archivi Alinari, Firenze

p. 47　「カステル・デル・モンテ」(バーリ近郊／イタリア)　Photo: ©ARTEPHOT/PAF

p. 54　図版　作成：綜合精図研究所

p. 57上　「最後の晩餐」　レオナルド・ダ・ヴィンチ画　サンタ・マリア・デレ・グラツィエ聖堂（ミラノ）　Photo: Scala, Firenze

p. 65下　イタリック体の例　アルド社の出版物より　Photo: The Newberry Library

p. 73　図版　作成：綜合精図研究所

p. 75上　「フィレンツェ鳥瞰図（1472年頃)」　フィレンツェ・コメーラ博物館　Photo: Archivi Alinari

p. 75下　現代のフィレンツェ　写真：鈴木美知

p. 76　「ダンテ肖像」　アンドレア・デル・カスターニョ画　ウフィッツィ美術館　Photo: Archivi Alinari

p. 83　「コシモ・デ・メディチ肖像」　ポントルモ画　ウフィッツィ美術館　Photo: Scala

p. 93　「ロレンツォ・デ・メディチ肖像」　ヴァザーリ画　ウフィッツィ美術館　Photo: Archivi Alinari/Giraudon

p.107　「チェチリア・ガレラーニの肖像」　レオナルド・ダ・ヴィンチ画　チャルトリスキ美術館（クラコフ／ポーランド）　Photo: © ARTEPHOT/NIMATALLAH

p.121　「キリストの復活と礼拝する法王アレッサンドロ六世」　ピントリッキオ画　ヴァティカン美術館　Photo: Archivi Alinari

p.123　「ボルセーナのミサ」　ラファエッロ画　ヴァティカン美術館　Photo: Archivi Alinari

p.125　「レオーネ十世と二人の枢機卿」　ラファエッロ画　ウフィッツィ美術館　Photo: Archivi Alinari/Giraudon

p.131上　「ファルネーゼ宮」(ローマ)　Photo: Scala

p.131下　「ポーリ宮」(ローマ)　Photo: SR Photos

p.134　図版　作成：綜合精図研究所

p.179上　「サグレド宮」(ヴェネツィア)　Photo: VeniceWord.com International Media Services

p.179中　「カ・ドーロ」(ヴェネツィア)　Photo: Scala

p.179下　「コルネール宮」(ヴェネツィア)　Photo: Scala

カバー　ミケランジェロ
「アダムの創造」（部分）
装　幀　新潮社装幀室

ルネサンスとは何であったのか

塩野七生ルネサンス著作集

1

2001年4月15日　発行

著者
塩野七生《しおのななみ》
発行者
佐藤隆信
発行所
株式会社新潮社
〒162-8711東京都新宿区矢来町71
電話（編集部）03-3266-5611
（読者係）03-3266-5111
印刷
錦明印刷株式会社
製本
加藤製本株式会社

乱丁・落丁本は、ご面倒ですが小社読者係宛てお送り下さい。
送料小社負担にてお取り替えいたします。
ISBN4-10-646501-9 C0322

塩野七生ルネサンス著作集　全七巻

1　ルネサンスとは何であったのか
2　ルネサンスの女たち
3　チェーザレ・ボルジア　あるいは優雅なる冷酷
4　海の都の物語　上
5　海の都の物語　下
6　神の代理人
7　わが友マキアヴェッリ